PAUL
vous raconte

12 DESTINS
DIGNES DE FICTION

Paul Clouzet ◎ Loïc Huber

PAUL
vous raconte

12 DESTINS
DIGNES DE FICTION

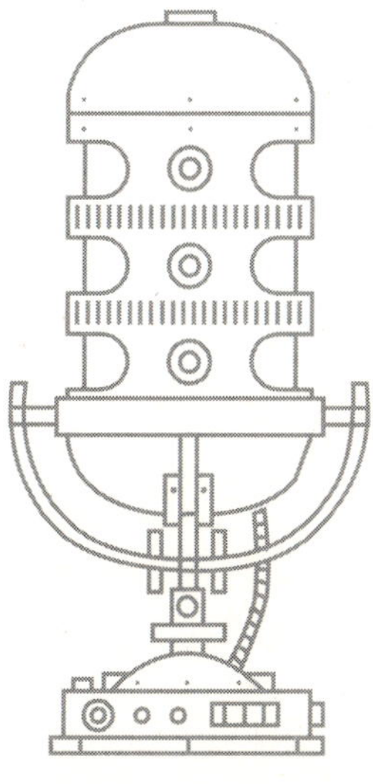

MARABOUT

SOMMAIRE

Avant-propos

Le 28 septembre 2012 paraissait ma toute première vidéo sur YouTube. J'étais alors bien loin d'imaginer que je venais de faire un pas vers le métier qui changerait ma vie.

J'étais alors vendeur au sein d'une grande enseigne de produits culturels. Un poste que j'occupais par défaut. Pour tromper l'ennui, j'ai commencé à publier sur YouTube de courtes vidéos pour parler de ce que j'aimais. J'exposais de quoi s'inspiraient le jeu vidéo de combat *Tekken* et le manga *One Piece*, je relatais le parcours de mes groupes de musique préférés. Seuls quelques dizaines d'internautes regardaient mes émissions. Deux ans plus tard, en voyant certains vidéastes évoquer le modèle économique qui leur permettait de vivre de leur passion, je me suis dit : et pourquoi pas moi ? Il était temps de renouer avec mon rêve de gosse qui était d'exercer un métier créatif. J'ai quitté mon emploi avec, en tête, un concept d'émission biographique destiné à beaucoup évoluer par la suite. Sans avoir vraiment conscience de l'ampleur du chemin qui restait à accomplir !

Car je restais un débutant. Dans la maîtrise des logiciels de montage, dans l'enregistrement d'une voix off ou dans l'organisation de mon travail. Surtout, je ne savais pas écrire ! Former des phrases syntaxiquement correctes, mais aussi développer un propos, structurer un récit, en faire ressortir des thématiques. La route a été longue et je suis heureux de voir que, à force de persévérance, mes documentaires sont devenus meilleurs et ont fini par trouver un public. Ou plutôt nous sommes heureux. Comme le savent ceux qui suivent mon journal de bord vidéo « La Quête », je travaille en effet en étroite collaboration avec Loïc Huber.

De formation littéraire, Loïc s'est impliqué à mes côtés pour corriger mes fautes, améliorer mon style et s'assurer de la pertinence de mon propos. Jusqu'au jour où il s'est lui aussi essayé à écrire des textes destinés à être adaptés en vidéo sur ma chaîne YouTube. Ensemble, notre manière de raconter des histoires n'a cessé d'évoluer pour parvenir à concrétiser l'idée que nous nous faisons d'un récit poignant. Car il ne s'agit pas simplement de livrer des informations, il faut aussi les mettre en scène pour toucher l'auditeur comme peut le faire un roman pour ses lecteurs. Ajouter de l'action, de l'émotion à l'enquête – sans rien inventer, bien sûr. Tous autant que nous sommes, nous recevons tellement d'informations au quotidien que nous en oublions aussitôt une grande partie. Mais quand l'information s'ancre dans une histoire forte, notre mémoire est davantage marquée. Les scripts des vidéos que nous concevons avec Loïc assument ce parti pris et son principal défaut : préférer la narration et l'angle à l'exhaustivité. C'est d'ailleurs ce qui les fait ressembler de plus en plus à des scénarios, toute proportion gardée. Aussi, lorsque les éditions Marabout nous ont contactés pour un projet de livre, nous avons naturellement accepté. Le fil rouge de ce livre est de raconter l'histoire de personnalités dont les destins s'apparentent à ceux de personnages types de fiction. En effet, la plupart des héros et personnages qui peuplent les films et séries que nous regardons, les livres que nous lisons, sont directement inspirés ou se nourrissent des aventures de personnes bien réelles, qui ont fini par constituer, au fil du temps, des archétypes. Le choix de ces histoires n'a pas été simple. Nous avons essayé de trouver un juste équilibre entre des sujets populaires et d'autres qui le sont moins. Vous retrouverez aussi trois portraits déjà publiés sur ma chaîne YouTube, réécrits et augmentés pour l'occasion. Avec ces récits, nous avons voulu relever un défi : vous étonner, vous faire peur, vous amuser, vous faire vibrer, vous faire découvrir de nouvelles choses, mais aussi et surtout vous faire prendre conscience que la réalité n'a souvent rien à envier à la fiction.

Écrire ce livre aura été un exercice réjouissant. Et un moyen de répondre à une autre question : comment rendre nos histoires vivantes, intéressantes, intrigantes sans le support du format vidéo et de ses précieux outils – montage, effets visuels, musique.

C'est ce pari que nous avons voulu relever ! Il ne nous appartient pas d'affirmer que nous y sommes parvenus. Je vous laisse donc tourner la page pour en juger par vous-même.

Paul Clouzet

L'AGENT SECRET

Mon nom est Popov, DUSKO POPOV

Mon nom est Popov, Dusko Popov

« Tournez-vous lentement, Popov, et ne faites pas de mouvement brusque. »

La voix douce mais ferme de Ludovico von Karsthoff résonne aux oreilles de Dusko Popov comme une sentence de mort.
Fin de partie.
Pourtant, il le savait. Son supérieur à Londres l'avait prévenu : « À Lisbonne, vous risquez de tomber dans un piège. Vous êtes probablement grillé. C'est en ami, à titre personnel, que je vous conseille de ne pas partir. »
Il était parti quand même, décidé à accomplir sa mission jusqu'au bout. Il avait toutefois enfreint les ordres, emportant avec lui un Luger pour le cas où ça tournerait mal. Dans le métier d'espion, et encore plus dans le rôle d'agent double, avoir une arme sur soi est une preuve de culpabilité. Au diable les règlements pour cette fois, s'était pourtant dit Dusko. Sa vie en dépendait.
La main sur la crosse du pistolet harnaché sous son aisselle, il a déjà ôté le cran de sûreté. Il ne lui reste qu'une solution : se retourner et tirer. Mais dans quelle direction ? Impossible de savoir si le nazi s'est glissé discrètement jusqu'au salon par le vestibule ou par la salle à manger. Si Dusko a peu de chances de réussir son coup, du moins échappera-t-il à la torture en se faisant abattre.
Derrière la baie vitrée, le jardin étale des fleurs agitées par le vent qu'il ne respirerait sans doute plus jamais. Son regard glisse sur la porte-fenêtre et voit le reflet de Ludovico von Karsthoff dans le carreau. Dusko se retourne avec précaution.

Quand on y réfléchit, Dusko Popov en est arrivé là à cause d'une blague qui a mal tourné.
Fils d'une riche famille serbe comptant dans ses rangs industriels, armateurs, politiciens et diplomates, il aurait pu passer la Seconde Guerre mondiale sans risquer sa peau. S'il est devenu agent double[1], c'est grâce à Johan Jebsen, qui l'avait sorti du pétrin. Le goût de l'aventure et ses convictions démocratiques ont fait le reste. En 1936, après des études de droit à Belgrade, le jeune Dusko Popov entreprend un doctorat à l'université de Fribourg-en-Brisgau, en Allemagne. Depuis trois ans, le pays est sous la botte d'Adolf Hitler, qui ne cache plus ses ambitions belliqueuses. Dans le centre de cette petite ville aux rues traversées par des caniveaux à ciel ouvert – les *bächle* –, les cafés affichent sur leurs portes de sinistres panneaux « Interdit aux Juifs ». La population est surveillée, l'opinion muselée, mais les étudiants étrangers jouissent d'une relative liberté d'expression au sein de leur club, même si les thèses nazies finissent toujours par l'emporter lors des soirées débats. Quand Dusko a découvert que le parti national-socialiste[2] y envoyait de faux étudiants mais vrais fanatiques défendre leurs idées, il a résolu de se moquer d'eux en potassant les sujets discutés dans le but de les contredire. Avec peut-être un peu trop d'emphase. Car, un matin, deux membres de la Gestapo[3] sont venus le cueillir au saut du lit. S'en est suivi un interrogatoire de huit jours qui s'est conclu par son transfert en prison. La menace de camp de concentration plane, mais Popov se veut optimiste malgré les propos de son camarade de détention : « Qu'est-ce qu'ils en ont à foutre ? T'es majeur, non ? Ils diront que tu es parti sans laisser d'adresse. »
Heureusement, son ami Johan Jebsen a informé le père de Dusko et quelques coups de fil ont suffi à le délivrer. Le Serbe a cependant gardé un souvenir amer de cet épisode : « Ce fut une belle leçon sur la terreur ; comment on la crée et quelles lâchetés elle peut inspirer. Des amis intimes prétendirent n'être que de simples connaissances ; des professeurs qui, deux semaines auparavant, louaient mon travail affirmèrent que je n'étais qu'un snob anarchiste et bon à rien ; quelques relations, pour se blanchir, elles-mêmes, n'hésitèrent pas à forger des

1. Un agent double est un espion qui travaille au compte de deux services de renseignement à l'insu d'un des deux camps.
2. Le parti national-socialiste des travailleurs allemands était le parti politique des nazis.
3. Police politique du IIIe Reich.

déclarations compromettantes dont elles m'attribuèrent la paternité, me calomnièrent et pire encore », écrira-t-il plus tard dans son autobiographie[4].

Devenu *persona non grata,* Dusko quitte l'Allemagne et ouvre un cabinet de conseil en droit commercial à Belgrade. Le 1er septembre 1939, Hitler envahit la Pologne et la guerre est déclarée. Dusko ne peut pas faire grand-chose pour la cause alliée depuis l'endroit où il se trouve, la Yougoslavie ayant décidé de ne pas s'engager dans le conflit. Jusqu'au moment où son vieux camarade lui demande un service qu'il ne peut pas lui refuser.

Un lendemain de soirée arrosée, Dusko Popov reçoit un télégramme de Johan Jebsen : « Besoin urgent de te voir. Rendez-vous 8 février, hôtel du Roi de Serbie, Belgrade. »

Un lendemain de soirée arrosée, Popov reçoit un télégramme de Johan Jebsen : « Besoin urgent de te voir. Rendez-vous 8 février, hôtel du Roi de Serbie, Belgrade. » Les retrouvailles dans ce cadre luxueux sont chaleureuses, même si une ombre plane sur leur bonne humeur. Jebsen s'est laissé enrôler dans l'Abwehr, le service de renseignements des nazis. Antinazi convaincu, il n'a pourtant pas eu le choix, car il est allemand : s'il avait refusé, il aurait servi de chair à canon sur le champ de bataille. Ce n'est pas glorieux mais comment lui en vouloir ? « Nul n'a le droit d'exiger de quelqu'un l'absolu ; encore moins quand ce quelqu'un joue sa peau », philosophera Dusko à ce sujet.

Johan a besoin que Popov serve d'intermédiaire dans la vente de bateaux allemands coincés à Trieste. Le Serbe rechigne d'abord, puis se résout à payer sa dette envers son vieil ami. Après cela, Jebsen présente à Dusko un cadre de l'Abwehr qui lui fait une offre étonnante : intégrer les renseignements nazis. N'a-t-il pas ses entrées dans les plus hautes sphères ? Peut-être pourrait-il se rendre en Angleterre et y récolter des informations pour le compte de l'Allemagne ? Son comportement à Fribourg-en-Brisgau est pardonné et considéré désormais comme un enfantillage ; on est prêt à lui faire confiance en haut lieu. Cette proposition dégoûte Dusko, qui l'accepte pourtant. Il n'a oublié

4. Parue en France sous le titre *Tricycle* (Robert Laffont, 1975).

ni ses convictions ni ce que lui ont fait subir les sbires de Hitler, et il a une idée derrière la tête. Johan Jebsen la devine et l'y encourage d'ailleurs à mots couverts.
C'est ainsi que Popov s'est rapproché de l'ambassade britannique pour proposer de jouer l'agent double. D'abord méfiants, les Anglais se laissent convaincre par ce jeune aventurier si déterminé à causer la perte des nazis. Il devient alors Yvan pour l'Abwehr, et Scoot, puis Tricyle pour le MI-6. Mais il est difficile d'évoquer le service des renseignements extérieurs du Royaume-Uni sans parler de son agent le plus célèbre.

Tout le monde connaît James Bond, l'espion inventé par Ian Fleming pour une série romanesque et interprété au cinéma par de multiples acteurs au cours des cinquante dernières années. Il incarne le personnage type de l'agent secret tel qu'il s'est formé dans l'imaginaire collectif au cours de la guerre froide, quand les grandes puissances préféraient s'affronter dans l'ombre. Son matricule, 007, en dit long : le premier zéro indique qu'il a le droit de tuer, le second zéro qu'il n'a pas hésité à exercer ce droit, et le sept qu'il est le septième à obtenir cette distinction. Un agent dangereux donc, et qui ne craint pas de se mettre en danger. Armé de gadgets sophistiqués, évoluant dans des environnements inaccessibles au commun des mortels, capable de séduire les plus belles femmes de la planète, l'espion de Sa Majesté nourrit tous les fantasmes populaires.
Si son créateur a réussi à retranscrire l'atmosphère particulière de la guerre du renseignement, c'est parce que lui-même en a fait partie. Issu d'une famille riche, fils de député, Ian Fleming avait dès l'enfance toutes les cartes en main pour réussir mais il a peiné à trouver sa voie. Il a occupé divers emplois comme journaliste ou agent de change avant de devenir aide de camp du directeur des renseignements de la Royal Navy. Une rencontre qui va changer sa vie.
Brillant, organisé et plein d'imagination, Fleming échafaude plusieurs opérations durant la Seconde Guerre mondiale. Après le conflit, il devient journaliste pour *The Sunday Times,* en posant la condition qu'on lui accorde chaque année trois mois de vacances. Il les

met à profit pour écrire en 1953 son premier roman, *Casino Royale,* les pieds dans l'eau, dans sa résidence secondaire en Jamaïque baptisée *Goldeneye.* De janvier à mars jusqu'à sa mort, il écrit tous les ans un nouvel épisode des aventures de James Bond.

Appréciés par les Anglais, les romans de Fleming n'ont connu un succès international qu'en 1961. Cette année-là, *Life Magazine* publie une interview de John Fitzgerald Kennedy, fraîchement élu président des États-Unis. Quand le journaliste lui demande quels sont ses livres préférés, JFK cite, au milieu d'ouvrages très sérieux comme une biographie d'Abraham Lincoln ou *Le Rouge et le Noir* de Stendhal, le sixième opus des aventures de James Bond, *Bons baisers de Russie.* Il n'en faut pas moins pour que le Nouveau Monde s'intéresse à l'œuvre de Fleming. Un an plus tard, *James Bond contre le Dr. No* sort au cinéma, avec Sean Connery dans le rôle de l'agent secret, et inaugure une des franchises les plus rentables du septième art – seize milliards de dollars en 2019.

Pour créer le personnage de James Bond, Ian Fleming a affirmé avoir fait un amalgame de « tous les agents secrets » qu'il avait rencontrés au cours de sa carrière dans la Royal Navy. Mais dans *Casino Royale,* quand James Bond parie au baccara la totalité de ses frais de mission – trente-deux millions d'anciens francs[5] – pour saigner à blanc un espion russe, c'est de Dusko Popov qu'il s'inspire.

En août 1941, l'agent double serbe et Ian Fleming se trouvent tous deux à Lisbonne. Pendant la guerre, la capitale portugaise est devenue un nid d'espions. Le Portugal n'est pas engagé dans le conflit, ce qui permet aux belligérants de se rencontrer en terrain neutre mais aussi d'y mener la guerre souterraine du renseignement. Dans ses rues pavées du bord du Tage, on croise agents secrets, hommes d'affaires et réfugiés. Porte de l'exil pour l'Angleterre

5. Une somme équivalente à environ 700 000 euros actuels. Dans le film *Casino Royale* avec Daniel Craig dans le rôle de James Bond, c'est la somme de 115 millions de dollars que celui-ci parie !

ou l'Amérique, Lisbonne accueille toute la richesse et toute la misère d'Europe. À Estoril, à une vingtaine de kilomètres de la ville, le casino prospère. Les nantis jouent comme s'il ne devait pas y avoir de lendemain, les exilés qui peuvent encore arborer une tenue correcte viennent y tenter leur va-tout dans l'espoir de gagner de quoi recommencer une nouvelle vie.

Avec quatre-vingt mille dollars en poche, Dusko Popov circule entre les tapis verts, dans une atmosphère appesantie par la fumée de cigarettes et la sueur des corps pariant leurs dernières ressources. Cet argent ne lui appartient pas ; il l'a obtenu d'un contact et doit la remettre le lendemain au MI-6. Ian Fleming le surveille de loin, cherchant à s'assurer que Popov, connu pour son train de vie fastueux, ne dilapide pas l'argent de la Couronne[6].

À une table de baccara, un petit homme arrogant qui mène le jeu ne cesse de clamer à qui veut l'entendre : « Banque ouverte ! » Ce qui signifie en clair que n'importe qui peut miser la somme qu'il souhaite pour la manche suivante. Dusko a déjà croisé plusieurs fois ce personnage et il le déteste cordialement. Allez savoir pourquoi, certaines personnes ne sont pas faites pour s'entendre ! Émoustillé par l'alcool et désireux d'humilier le joueur, l'agent double s'approche de la table, les yeux jetant des éclairs, et lance d'un ton tranchant, en étalant des liasses de billets sur le tapis : « Cinquante mille dollars. » Le silence se fait subitement, à peine dérangé par des murmures d'étonnement. En pleine guerre, même dans ce lieu de luxe où la rivière Pactole ne s'est pas tarie, cinquante mille dollars représentent une somme faramineuse. Derrière les curieux qui se précipitent autour de la table, Ian Fleming blêmit. Ce malade vient-il de miser l'argent destiné à la cause alliée à un jeu aussi hasardeux que le baccara ? Et pourquoi pas à la roulette tant qu'il y est ?

Le joueur lui-même n'en croit pas ses oreilles. Il se contente de se tortiller sur son fauteuil. Le malaise est palpable, l'impatience aussi. Popov demande au croupier : « Je suppose que le casino couvre l'enjeu de monsieur, puisque vous n'avez pas fait objection à sa banque ouverte ? » Quand la réponse tombe, négative, le Serbe simule une colère dans laquelle il fustige le manque de sérieux du casino, puis ramasse son argent avant de repartir d'un air victorieux. Ian Fleming

6. Il était alors commun de faire suivre un espion par un de ses homologues pour s'assurer de sa loyauté ou le couvrir en cas de pépin.

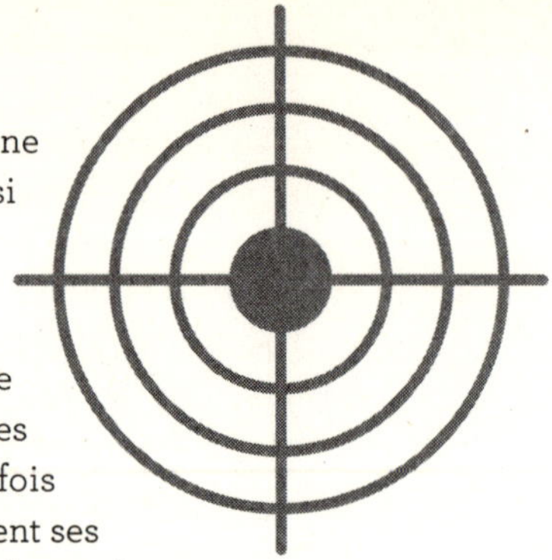

reprend des couleurs. Et le joueur humilié ne prononcera plus jamais « Banque ouverte » si crânement.

Fleming n'a jamais oublié cet acte aussi spectaculaire que déraisonnable, au point de le faire endosser par son héros, dans un contexte certes plus sérieux[7]. L'hommage ne semble toutefois pas flatter Dusko Popov, comme en témoignent ses mémoires : « On m'a dit que Ian Fleming déclarait s'être inspiré de ma personnalité et de mon aventure pour camper son personnage de James Bond. C'est possible, encore qu'à mon avis un James Bond en chair et en os n'eût guère passé quarante-huit heures dans la carrière d'espion avant de se transformer en cadavre. » Car le métier d'espion n'a jamais consisté à poursuivre seul une bande de criminels internationaux et laisser derrière soi une montagne de cadavres. L'espionnage est aussi vieux que les conflits ; dès le Ve siècle avant J.-C., dans son indémodable *Art de la guerre*, Sun Tzu écrivait déjà que les mouvements d'une armée et l'accomplissement d'exploits militaires dépendent des espions. L'espion doit parvenir à s'infiltrer chez l'ennemi, tenir sa couverture pour récolter des informations et les faire parvenir à son camp sans se faire repérer. Un seul coup de feu suffit à se faire repérer et l'élimination pure et simple n'est alors jamais loin. La vie de l'agent secret est ponctuée d'interrogatoires épuisants où l'on cherche à discerner des contradictions, tester la loyauté des sujets, faire sortir de la mémoire tout ce qu'il est possible. Dusko Popov est un espion authentique, discret et calculateur. Pour autant, la comparaison avec James Bond tient sur de nombreux points. Tous deux ont un sérieux penchant pour les grosses voitures, les belles femmes, le jeu, le tabac, les apéritifs corsés et la gastronomie. Dusko a lui aussi échappé à l'explosion d'une bombe dans sa voiture (sans qu'il sache jamais quel service était responsable de ce piège), s'est fait séduire par des femmes qui n'en voulaient qu'à ses secrets et a dû se résigner à des parcours improbables pour rencontrer ses contacts. Et quand il n'est pas en train de fomenter des plans avec le

---

7. Dans *Casino Royale*, James Bond mise tout son argent pour empêcher Le Chiffre de transférer ses gains à une organisation criminelle – le SMERSH dans le roman, SPECTRE dans le film.

MI-6 ou d'écrire des rapports bidons destinés aux nazis, on peut le croiser dans des restaurants hors de prix et à des soirées mondaines où se côtoient milliardaires, vedettes et membres de gouvernements en exil. « Un espion vit de la vie de sa couverture. J'avais de la chance avec la mienne : j'étais un playboy », s'est-il justifié un jour sur le ton de l'humour. Un train de vie coûteux qui en amusait certains, mais déplaisait à d'autres. En particulier à un homme qui devait en tirer des conclusions trop hâtives, ce qui a occasionné une catastrophe militaire.

Quelques jours après l'épisode du casino, Dusko Popov s'envole pour New York. Après l'invasion de la Yougoslavie par les Allemands, sa couverture de négociant en Angleterre est grillée. L'Abwehr l'envoie alors aux États-Unis dont l'entrée en guerre leur semble inéluctable. Avec l'accord du MI-6, l'agent double trouve une nouvelle couverture, comme chargé de propagande pour le gouvernement yougoslave en exil. Il traverse l'Atlantique avec la mission de délivrer au FBI des informations d'une importance capitale. Si le sang coule en Europe depuis quelques années déjà, l'Oncle Sam se tient encore à l'écart du conflit. Les Américains sont davantage préoccupés par les résultats des matchs de baseball que par cette guerre qui n'est pas la leur. Leur engagement pendant la Première Guerre mondiale en 1917, puis la crise économique de 1929 pèsent encore trop sur leur moral.
John Edgar Hoover, l'indéboulonnable patron du FBI qui a occupé cette fonction pendant quarante-huit ans tant il détenait de secrets sur tous les puissants du monde, rencontre Popov plusieurs semaines après l'arrivée de ce dernier. Hoover est un homme grand, fort, avec des bajoues tombantes qui s'agitent au rythme de ses fréquents accès de colère. Ayant sorti de la corruption l'ancêtre du FBI, il s'est érigé en dernier rempart contre le communisme et le vice de ses contemporains. « Vous êtes comme tous les agents doubles ! Vous venez mendier des renseignements pour les vendre à vos amis allemands, faire un tas d'argent et jouer les playboys ! », a hurlé Hoover après quelques secondes d'entretien, dès qu'il a su que le jeune Serbe avait loué un appartement donnant sur Central Park et fréquentait déjà une actrice. Malgré les efforts de Popov pour se faire entendre, la rencontre n'a pas dépassé le stade des invectives et Hoover n'a pas voulu croire un mot de ce qui lui montrait l'agent double, un questionnaire des nazis à leur allié japonais qui prouvait, dûment décrypté par les services secrets britanniques, que ce dernier s'apprêtait à bombarder la flotte

américaine dans le Pacifique, plus spécifiquement à Pearl Harbor. Ce qu'ils ont fait le 7 décembre 1941. Plus tard, Hoover a nié avoir jamais reçu aucune information qui lui aurait permis d'anticiper l'offensive japonaise, mais un échange déclassifié avec un de ses collaborateurs a, depuis, prouvé le contraire. Certains ont accusé le président Roosevelt et son administration d'avoir désiré le désastre pour légitimer l'entrée en guerre des États-Unis. La seule chose dont on puisse en tout cas être sûr, c'est que le premier patron du FBI a singulièrement manqué de discernement.

Dusko Popov a séjourné près d'un an aux États-Unis et il ne s'est jamais senti aussi inutile. Le FBI passait plus de temps à le pister qu'à l'aider dans sa tâche d'intoxication. La crédibilité d'un agent double repose sur la confiance que lui accorde le bureau qui l'a recruté en premier. S'il ne pouvait rien apporter aux nazis, il ne servait plus à rien pour personne. Il a donc fini par éplucher les journaux, enjoliver des informations et s'inventer des sources pour ne pas se faire démasquer.

C'est en pensant à cette période que Popov a pu écrire : « Il reste entendu que l'espionnage est une activité aussi sérieuse que dangereuse ; mais c'est aussi une besogne qui sécrète un ennui prodigieux, tant s'éternise l'attente de rares occasions de passer à l'action. » Passer à l'action ne signifie cependant pas sortir un pistolet et tirer dans le tas ! C'est pourtant ce qu'il a failli faire un jour.

« Tournez-vous lentement, Popov, et ne faites pas de mouvement brusque. »

Après le désastre américain, Popov se trouve à nouveau en Europe où il a repris du service, la confiance des Allemands à son égard étant restée intacte. Les Anglais, qui ont mis en place une filière d'évasion en Yougoslavie, ont perdu la trace d'un rescapé à Paris. Celui-ci peut avoir été capturé par la Gestapo et être passé à table sous la torture. Or Dusko gère en partie cette filière. Quand il doit rencontrer son contact allemand à Lisbonne, Ludovico von Karsthoff, il sait qu'il court un risque, mais l'accepte pour ne pas être définitivement grillé si cela se révèle une fausse alerte.

Nous retrouvons donc Popov face à la baie vitrée. S'il a commis l'erreur de se placer dos à la pièce, c'est qu'il voulait voir où il atterrirait en cas de plongeon. Mais le nazi a débarqué dans le salon plus rapidement que prévu. La main tremblante sur la crosse de son Luger, Dusko

s'apprête à faire volte-face et tirer quand il voit la silhouette du nazi se refléter sur le carreau : ce dernier ne pointe aucune arme sur lui. Un petit singe apeuré se tient perché sur son épaule.
L'agent double laisse retomber sa main et se retourne avec un sourire crispé, une sueur glacée coulant le long de sa nuque.
« C'est un agent du sud-ouest africain qui me l'a offert il y a quelques jours, dit Ludovico doucement et d'excellente humeur. Il n'est pas encore apprivoisé, et il peut mordre si on l'effraie. Vous semblez bizarre, nerveux. Est-il arrivé quelque chose ?
— J'ai failli tuer un ami », répond Dusko qui a du mal à retrouver son calme.
Von Karsthoff, qui n'a pas compris le double sens de cette phrase, répond : « Vous et votre façon de conduire dangereusement ! Un de ces jours, vous vous tuerez, oui ! »
Et les deux hommes de rire.

Début 1943.
La guerre est à un tournant. Les Alliés, auxquels se sont joints les États-Unis, préparent leurs armées à de futurs débarquements pour reprendre l'Europe continentale aux forces de l'Axe[8]. Déjà, les Britanniques ont remporté une victoire décisive en Égypte, à El-Alamein, et repoussé d'Afrique nazis et Italiens. Mais il reste beaucoup à faire. C'est dans cette deuxième phase de la guerre que le renseignement a révélé tout son potentiel.
L'Angleterre a travaillé à mettre en place le Double Cross System[9], un dispositif de contre-espionnage visant à capturer et à retourner les agents allemands sur leur territoire dans le but de diffuser de fausses informations et d'intoxiquer les Allemands. Il s'agit moins de les piéger que de gagner leur confiance sur la durée – en leur faisant parvenir soit des informations invérifiables, soit des informations peu importantes – pour faire avaler le mensonge qui changera le cours de la guerre. Considéré comme un espion de confiance par l'Abwehr, Dusko Popov fait partie intégrante de ce dispositif.
L'agent double a participé à de nombreuses opérations : Machiavelli, où il a livré aux nazis une carte marine affichant des emplacements

8. L'axe Rome-Berlin-Tokyo regroupait les nations en guerre contre les Alliés durant la Seconde Guerre mondiale.
9. Aussi appelé Twenty Committee ou XX Committee (en français, comité XX).

de mines erronés ; Midas, qui a permis de confier à un Britannique la gestion des finances de l'Abwehr à Londres ; Cicero, au cours de laquelle un espion allemand a pu être démasqué au sein de l'ambassade britannique en Turquie. Mais le premier gros coup du Double Cross a été l'opération Mincemeat[10]. Osée, l'idée a consisté à abandonner, aux larges des côtes espagnoles, un cadavre contenant de faux documents secrets qui attestaient un débarquement prochain des Alliés en Grèce pour ouvrir un front en Europe continentale. La mascarade a été habilement préparée : le MI-6 a créé de toutes pièces une identité factice de haut gradé dont il a affublé le cadavre d'un sans-abri retrouvé mort à Londres, puis a conservé le corps intact pendant plusieurs semaines avant de le transporter en sous-marin dans un réfrigérateur conçu pour l'occasion. Popov était chargé de vérifier si l'Abwehr était entré en possession des faux et de faire croire que des parachutistes s'entraînaient en Écosse – dont la topographie ressemble à celle de la Grèce. Une réussite puisque les Anglais ont débarqué presque tranquillement en Sicile en juillet 1943, tandis que les Allemands les attendaient en Sardaigne et sur les côtes grecques.

Le véritable exploit du Double Cross System a consisté à faire croire aux nazis que le grand débarquement allié aurait lieu dans le Pas-de-Calais !

Mais le véritable exploit du Double Cross System a sans aucun doute été l'opération Fortitude. Il s'agissait de faire croire aux nazis que le grand débarquement allié aurait lieu dans le Pas-de-Calais et non pas en Normandie, soit 200 km plus au nord, et qu'il se limiterait à une attaque de diversion pour retarder l'arrivée des renforts allemands. Au cours de ses nombreuses visites à l'antenne de Lisbonne durant les mois qui ont précédé le D-Day, Dusko n'a cessé d'évoquer l'existence de trois groupes d'armées imaginaires qui se regroupaient dans le sud-est de l'Angleterre et laissaient prévoir un débarquement dans le Pas-de-Calais. De leur côté, les Britanniques simulaient sans interruption des transmissions radio, construisaient de faux entrepôts et aérodromes pour donner de la consistance à leur mensonge. En avril 1944, Popov est interrogé pendant quatorze heures par des officiers nazis, mais ne se contredit pas une seule fois. Craignant d'être un jour soumis à un sérum de vérité, il l'avait même

10. Littéralement, « chair à pâté ».

expérimenté pour être sûr de ne pas se trahir. Il s'était montré aussi résistant à ce produit qu'à l'alcool ! Quand il est reparti pour l'Angleterre, il savait que les nazis tomberaient dans le panneau.

La fête bat son plein. Dans un salon de l'hôtel Hyde Park, les officiers du MI-5 et du MI-6 se sont réunis pour célébrer le succès du débarquement. Certes, la bataille fait encore rage en Normandie et la France n'est pas encore libérée. Mais c'est tout comme. Les Allemands ont mordu à l'hameçon et leurs renforts vont seulement leur faire gagner un peu de temps. La Wehrmacht[11] est désormais prise en étau entre les forces alliées à l'ouest et les Soviétiques à l'est.
Un verre à la main, le général Petrie, patron du MI-5, porte un toast à tous ceux qui ont contribué à cette victoire qu'il anticipe. Quand vient le tour de Dusko Popov, il ne tarit pas d'éloges sur l'homme qui a retenu à lui seul une dizaine de divisions ennemies grâce à sa mission d'intoxication. Au terme du discours, Popov apprend qu'il est promu chevalier de l'Ordre britannique, une distinction honorifique. Assis sur sa chaise, il se tortille comme ce joueur qu'il a humilié quelques années plus tôt au casino d'Estoril. Il est à la fois flatté – comment ne pas l'être – et gêné d'être le centre de l'attention, lui qui a dû batailler quatre ans pour ne pas éveiller les soupçons. Mais il est surtout anxieux. Alors qu'il a risqué sa vie pour ce moment, il n'arrive pas à s'en réjouir autant qu'il l'aurait voulu. Non pas qu'il ressente la moindre culpabilité envers l'Allemagne nazie. Mais son meilleur ami, Johan Jebsen, ne donne plus signe de vie.
Sans qu'un seul mot ait été prononcé entre eux à ce sujet, Jebsen savait que Popov collaborait avec les services de renseignement britanniques et l'avait rejoint en 1943. Mais la SS a fini par l'arrêter. Non pas pour son double jeu, mais pour des combines financières impliquant des hauts gradés nazis. Tant que les personnalités compromises avaient tout à perdre, son ami restait protégé. Maintenant que la capitulation de l'Allemagne est inévitable, certains vont sans doute vouloir le faire taire à jamais.

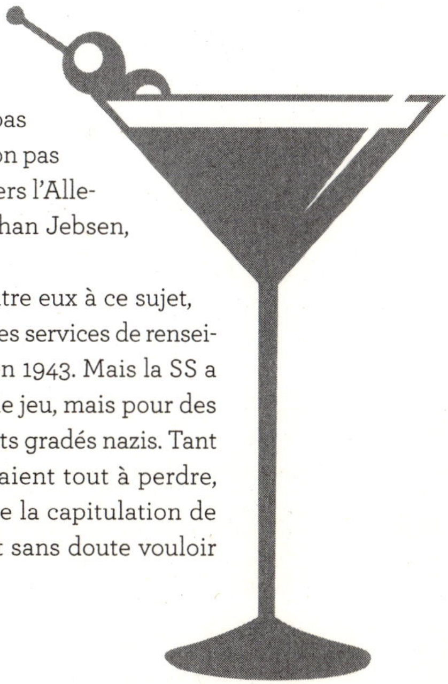

11. Nom de l'armée allemande.

« Sais-tu pourquoi tu es ici ? »
Le canon d'un pistolet pointé sur le front, Walter Salzer répète, tremblant et en larmes, à genoux dans la boue, qu'il est innocent. Mais Dusko est persuadé qu'il a devant l'homme qui a permis l'exécution de Johan Jebsen. Des mois durant, Popov a sillonné une Allemagne ravagée par les bombes pour élucider la mort de son ami. Au milieu des ruines, dans des camps de prisonniers, il a dû interroger de nombreuses personnes, menacé des nazis qui espéraient s'en sortir sous des identités d'emprunt. Le nom de Walter Salzer, l'ancien collaborateur de Jebsen, a été cité à de nombreuses reprises et quelqu'un a fini par révéler où l'homme se planque : dans les faubourgs de Minden. Le Serbe s'y est rendu et a conduit de force sa proie dans un bois qui borde la ville.
Dusko était bien décidé à le tuer, mais il sent soudain que sa colère laisse place au dégoût. Comme il ne souhaite pas que l'autre s'en sorte à si bon compte, il jette son arme et écrase son poing sur le visage de Walter Salzer. Encore et encore, aveuglé par la fureur. Il finit par serrer ses mains autour de la gorge du nazi.
Salzer suffoque, les yeux exorbités.
Dusko lâche prise et laisse l'homme choir au pied d'un arbre, salement amoché mais respirant encore.
Impossible de le tuer. L'homme qu'il a en face de lui est à peine un être humain. Il a sali son pantalon comme un bébé.
Popov sent son estomac se soulever et vomit toute la rage, la rancœur et l'angoisse accumulées pendant ces quatre années où il n'a cessé de mentir, où il n'a jamais pu être lui-même.
Il s'éloigne. Sa guerre est terminée.

Cette fin digne d'un épisode de James Bond où ce dernier refuserait de se salir les mains est celle que raconte Dusko Popov dans son autobiographie, parue en 1975.
Larry Loftis, l'auteur d'une biographie de l'agent double[12], soulève cependant un point important. Au cours de ses recherches, il n'a jamais trouvé le nom de Walter Salzer dans les archives du procès de Nuremberg, qui a jugé les nazis pour leurs crimes. Parce qu'il n'a jamais existé. Contrairement à ce qu'affirme Dusko Popov dans le

12. *Into the Lion's Mouth : The True Story of Dusko Popov*, Dutton Caliber, 2016.

dernier chapitre de son livre, tuer un Allemand dans l'Allemagne d'après-guerre présentait de sérieuses difficultés, car nul n'était autorisé à s'octroyer le droit de vie ou de mort sur quiconque.
Plusieurs nazis impliqués dans l'exécution de Johan Jebsen n'ont jamais été retrouvés et il est possible que Popov ait tué l'un d'entre eux. Pour éviter une poursuite éventuelle, les faits s'étant produits après la capitulation allemande, Popov aurait donné une fausse identité à sa victime et aurait raconté qu'il lui avait laissé la vie sauve. « L'espionnage n'est pas un boulot chevaleresque », a-t-il affirmé un jour, et il l'a prouvé en faisant assassiner un ancien domestique qui le filait pour tester sa loyauté envers les Allemands.
Selon Larry Loftis, il est peu probable que Dusko ait épargné l'homme qui avait tué son meilleur ami. Marco Popov, le fils du James Bond serbe, le pense aussi : « Je suis convaincu que Dusko a retrouvé la personne qui avait ordonné l'exécution de Johan Jebsen et qu'il l'a tuée. C'était après la guerre et cela aurait été considéré comme un meurtre. Je crois que Walter Salzer est un nom d'emprunt et que l'épilogue de la vendetta menée par mon père était une affaire personnelle qui ne se trouvait pas dans les fichiers du MI-5. Dusko ne l'a jamais admis, ni à moi ni à aucun membre de la famille. Il répondait seulement par un clin d'œil. »

En l'absence de preuve, la question demeure donc en suspens : Dusko Popov est-il un double zéro ?

LE COWBOY

BON, BRUTE ET TRUAND

Bon, brute et truand

1er avril 1878.

Le soleil se lève sur Lincoln et fait étinceler l'étoile épinglée sur la chemise du shérif. Flanqué de ses quatre adjoints, Mathews, Hindman, Peppin et Long, William Brady remonte la *main street* dans la poussière soulevée par le vent.

Arrivé devant le tribunal, Brady colle une affiche sur le mur avant de faire demi-tour. Un avis de recherche ? Non, une simple note indiquant la date de réunion du tribunal de district.

Les cinq hommes marchent désormais vers le magasin de James Dolan, à l'entrée de la ville. À cette heure matinale et fraîche, Lincoln dort encore. Le shérif apprécie d'autant plus ce calme que la situation a failli dégénérer dans le comté après le meurtre de John Tunstall. Heureusement, les anciens rancheros de cet éleveur sont revenus à la raison.

C'est du moins ce que croit Brady.

Derrière le muret d'adobe clôturant la demeure du défunt, six individus se tiennent accroupis, colts et winchester en mains, se jetant des coups d'œil entendus.

Quand les représentants de la loi passent à proximité, les tireurs embusqués surgissent et ouvrent le feu.

Criblé de balles, Brady s'effondre sur le sol, raide mort. Hindman, seulement blessé, se laisse tomber. Il a le malheur de gémir et on l'achève. Les trois autres adjoints courent se réfugier dans une habitation voisine, poursuivis par un déluge de plombs. Un homme qui sarcle ses oignons en prend un dans le postérieur. Puis la fusillade s'arrête subitement.

L'un des *pistoleros* saute par-dessus le mur et commence à fouiller le cadavre du shérif. C'est un jeune homme mince et musculeux, qui semble trouver la situation amusante ; il rit, découvrant deux incisives proéminentes qui se chevauchent. Son nom est William Bonney, mais ses amis l'appellent « The Kid[1] ».

Occupé à sa répugnante besogne, Billy[2] ne voit pas l'adjoint Mathews apparaître discrètement à une fenêtre, viser et tirer. La balle transperce la cuisse du garçon qui se réfugie en clopinant derrière son abri. Un silence inquiétant pèse sur la *main street*. Personne n'ose sortir, assaillants et assaillis restent à couvert.

Perdant du sang, le Kid se décide à fuir. Le principal est fait : cette ordure de Brady est mort. Lui et ses camarades rejoignent leurs montures derrière la maison et galopent en direction des collines, s'évanouissant dans le lointain.

C'est moins d'un an plus tôt que Billy the Kid a été entraîné sur la voie du crime par la violence de l'Ouest.

Ce soir d'août 1877, dans le saloon de George Atkins à Camp Grant, Arizona, cow-boys, soldats et voyageurs se détendent au terme d'une longue journée passée sous un soleil écrasant. Des clients parlent fort au comptoir, on entend le bruit des verres reposés brutalement sur les tables poisseuses. Ici et là, des cartes sont battues, distribuées, jetées dans un mouvement de colère. On hurle des mises, on se plaint de mains malchanceuses. Saoul, le pianiste fait virevolter des notes inharmonieuses dans l'air appesanti par la chaleur. Au sein de cette bruyante assemblée se trouve donc William Bonney, aussi connu sous le nom de Henry Antrim ; il n'est encore qu'une petite frappe réputée pour emprunter des chevaux sans le consentement de leurs propriétaires et sortir de prison sans l'autorisation du shérif. De son histoire, on sait seulement qu'il est fils d'immigrants irlandais, né McCarthy

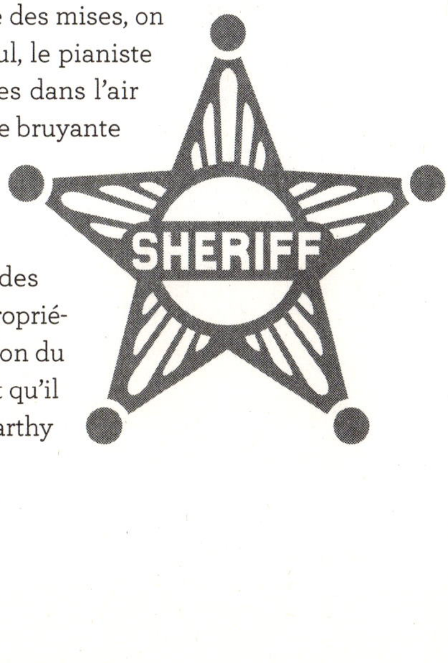

1. Littéralement « Le Gosse ».
2. Abréviation de William en anglais.

dans les bas-fonds de New York, et qu'il a suivi sa famille vers l'Ouest jusqu'à Silver City, Nouveau-Mexique. Après la mort de sa mère, quelques menus larcins l'ont poussé à fuir dans ce trou perdu de l'Arizona. Aucun de ses camarades ne lui confierait la garde de sa monture, mais tout le monde l'apprécie pour sa bonne compagnie... excepté Francis Cahill.

Maréchal-ferrant, ancien soudard, brute alcoolique à l'humeur changeante et rompu aux bagarres, Cahill, surnommé « Windy » par la population locale, a pris en grippe Antrim pour une raison qui échappe à tous. Il s'amuse à l'humilier, lui ébouriffant les cheveux, le jetant par terre et, dans ses pires jours, allant jusqu'à le gifler. Le garçon, qui n'a que dix-sept ans, essaye parfois de résister, mais Cahill fait une tête de plus que lui et s'est montré un combattant valeureux pendant la guerre de Sécession[3]. Malgré sa ténacité et son agilité, Henry ne fait pas le poids avec lui dans un combat singulier.

Quand le rustre franchit les portes de l'établissement, il se dirige tout naturellement vers son souffre-douleur.

« Comment va le petit souteneur ? s'esclaffe Windy.

— Ça va. Et toi, fils de garce ? » rétorque Henry en dévoilant ses dents de lapin dans un sourire.

Cahill n'apprécie pas l'injure, frappe le jeune homme et l'envoie valser à travers le saloon. À quelques pieds l'un de l'autre, les deux adversaires se jaugent, les yeux plissés. Francis s'apprête à se ruer sur l'adolescent, mais celui-ci soulève un pan de sa veste, portant sa main à la crosse d'un colt harnaché à sa ceinture. L'acier du canon brille dans la pénombre et un coup de feu retentit. Cahill s'étale sur le plancher, une balle dans le ventre. Personne ne bronche. Le tireur quitte la salle et enfourche son cheval.

Le blessé, soigné dans une baraque du camp, succombe le lendemain. Le coroner chargé de l'affaire réunit rapidement un jury qui conclut que Henry Antrim, *alias* le Kid, est « coupable de cet

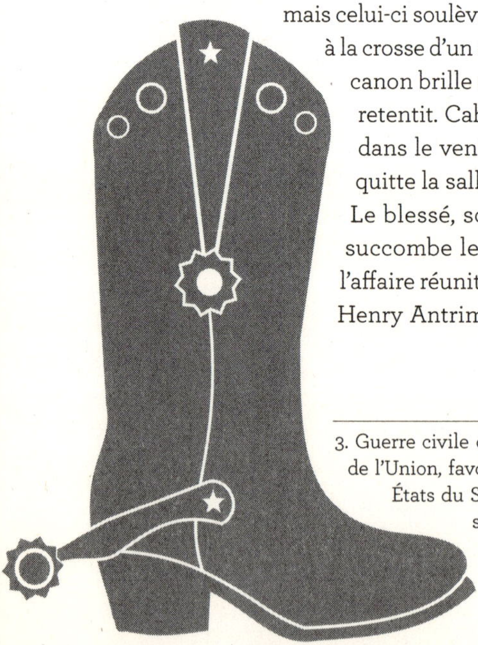

3. Guerre civile qui a opposé, entre 1861 et 1865, les États de l'Union, favorables à l'abolition de l'esclavage, à onze États du Sud qui avaient fait sécession pour ne pas se voir imposer cette réforme.

acte criminel et injustifiable ». Son meurtre lui vaudrait la pendaison s'il se rendait.
Mais Henry Antrim n'a aucune envie de se rendre. Le verdict n'est pas encore prononcé qu'il est déjà loin de la juridiction de l'Arizona. Deux ans plus tôt, il avait fui le Nouveau-Mexique pour une banale histoire de linge volé ; c'est un meurtre qui le pousse à y revenir. Hors de question cependant de retourner à Silver City où il serait peut-être reconnu et arrêté. Il galope dans le désert, s'aventure dans des canyons, franchit la vallée de Mesilla et se dirige vers le comté de Lincoln où il va devenir Billy the Kid, l'une des plus grandes légendes de l'Ouest américain.

> **Henry Antrim galope dans le désert, franchit la vallée de Mesilla et se dirige vers le comté de Lincoln où il va devenir Billy the Kid, l'une des plus grandes légendes de l'Ouest américain.**

Années 1880.
L'Ouest n'est plus celui qu'ont connu les premiers colons et les trappeurs, infini sauvage où la nature et les Indiens constituaient alors une menace vitale de tous les instants. La première ligne ferroviaire transcontinentale, achevée en 1869, a accéléré l'immigration et commencé à transformer les vastes espaces du centre que l'on mettait auparavant plusieurs semaines à traverser. La majorité des Indiens a été peu à peu exterminée et ceux qui ont survécu ont été parqués dans des réserves. Seules quelques tribus résistent encore, perpétuant le cycle funeste des raids contre les pionniers. Au fil des décennies, les ruées vers l'or et le développement de l'élevage extensif – conséquence de l'industrialisation effrénée de l'Est – ont urbanisé ces étendues vierges et donné naissance à des centaines de villes. L'Ouest demeure cependant démesurément grand et quelques régions isolées restent à l'écart de ces bouleversements.
Le comté de Lincoln, au sud-est du Nouveau-Mexique, en fait partie. C'est un pays de montagnes escarpées, de déserts et de plaines herbeuses qui s'étendent à perte de vue, où paissent d'innombrables têtes de bétail. Aucun chemin de fer ne relie encore ces terres où les institutions judiciaires et politiques peinent à s'implanter. En dépit de la faible population, la violence règne dans ce coin perdu. À la combinaison meurtrière whisky-armes à feu et aux conflits ethniques entre Anglo-Américains, Hispaniques, Mexicains et Indiens s'ajoutent

depuis quelques mois les déprédations, trafics et homicides commis par une horde de desperados.

Leur meneur, selon le *Las Vegas Morning Gazette* du 3 décembre 1880, est « Billy the Kid, un type prêt à tout, que l'on pourrait élire à la tête de n'importe quelle bande aussi dénuée de scrupules soit-elle ». Le portrait est édifiant mais pas tout à fait exact. Une cinquantaine de hors-la-loi ont établi la loi du pillage de White Oaks à Los Portales, soit un vaste territoire de plus de 40 000 km², mais ils ne forment pas un gang soudé obéissant à un chef unique – encore moins à un criminel d'à peine vingt et un ans. Cette réputation, le jeune homme ne la doit cependant pas au hasard.

Henry Antrim a fait bien du chemin depuis la mort de Francis Cahill. Arrivé à Lincoln en septembre 1877, il a pris le nom de William Henry Bonney pour qu'aucun shérif d'Arizona ne puisse retrouver sa trace. Après avoir frayé quelque temps avec le bandit Jesse Evans, il a souhaité reprendre le droit chemin, mais la dure vie de la Frontière en a décidé autrement. Embauché par un éleveur du nom de John Tunstall, il a mené une vie honnête de ranchero pendant quelques semaines, jusqu'au moment où son employeur a été assassiné par les hommes d'un concurrent, James Dolan. Le Kid s'est alors retrouvé engagé malgré lui dans ce qu'on a appelé la guerre du comté de Lincoln, une lutte entre deux coalitions d'entrepreneurs aux ramifications complexes, dont chacune cherchait à s'octroyer le monopole des affaires locales : la guerre a fait rage des mois durant, provoquant des fusillades dans toute la région. Billy Bonney n'était qu'un pion servant des intérêts qui le dépassaient, mais il n'en a pas moins été un combattant zélé. Avec son gang, les Regulators, il a participé à de nombreux guets-apens et échauffourées qui ont coûté la vie à plusieurs hommes. La « guerre » s'est achevée après l'incendie spectaculaire ayant détruit la demeure de l'avocat de Tunstall, où sa bande s'était réfugiée, et Billy the Kid a été mis en accusation pour deux meurtres, dont celui du shérif Brady, ami de Dolan et de sa clique.

Depuis, sa vie s'est résumée à peu de choses : vol de bétail et cavale. Il a fini par attirer l'attention des journalistes en s'en prenant au cheptel d'un riche éleveur, ancien ami des Regulators qu'il estime être son débiteur, mais aussi pour deux nouveaux homicides : celui d'un ivrogne au terme d'une dispute dans un saloon et celui d'un honnête forgeron pris en otage pour lui permettre d'échapper à des Texas Rangers[4] bien décidés à mettre fin à ses rapines. En revenant au Nouveau-Mexique, il n'était qu'un jeune cow-boy tombé dans l'illégalité par la force des choses plus que par l'amour du crime mais, en 1880, William Bonney, *alias* Billy the Kid, est devenu un desperado chevronné.

S'il n'est pas encore derrière les barreaux ou six pieds sous terre, c'est parce qu'il peut compter sur la complicité de la communauté hispanique et de ses anciens alliés. Il a fait de Fort Sumner, au nord-est de Lincoln, son fief, mais les habitants de nombreux ranchs et maisons de la région lui fournissent nourriture et cachette, soit par amitié, soit par crainte. Le Kid en est devenu sûr de lui, peut-être trop. Il se promène au nez et à la barbe des autorités, pillant des troupeaux, frayant avec des faux-monnayeurs peu discrets, organisant des tables de poker, participant à de nombreux *bailes*, ces bals mexicains où son charme opère invariablement sur les *señoritas*.

Dans cet Ouest abandonné à lui-même, la justice ne repose pas tant sur les subtilités de la loi que sur la volonté et les affinités de l'homme qui arbore l'étoile sur sa poitrine.

Pour Pat Garrett, c'en est trop. Arrivé dans la région récemment, cet ancien chasseur de bisons à la silhouette dégingandée est apprécié pour sa douceur et son honnêteté. En novembre 1880, il a été élu shérif par les habitants de Lincoln. Dans cet Ouest abandonné à lui-même, la justice ne repose pas tant sur les subtilités de la loi que sur la volonté et les affinités de l'homme qui arbore l'étoile sur sa poitrine. Ami de Bonney, l'homme qui a succédé à Brady n'était pas pressé de voir le Kid sous les verrous. Pat Garrett, pour sa part, a été élu sur une promesse : restaurer l'ordre. Mais une chose le motive également : la prime. Cinq cents dollars, une petite fortune.

Garrett a fait le tour de la région pour recruter les hommes les plus habiles et les plus déterminés. Le 29 novembre 1880, le nouveau shérif selle son cheval, accroche une ceinture de munitions autour de sa

4. Membre de la Texas Ranger Division, agence de la police d'État du Texas, fondée en 1835.

taille et remplit les chambres de son colt. Le *posse*[5] part de Roswell. Direction Fort Sumner.
Le comté est devenu trop petit pour tous ces pistoleros.

« Vos fusils, les gars, murmure Garrett à ses hommes. Ce ne peut être que ceux que nous recherchons qui galopent comme ça dans la nuit. »
Le shérif et ses hommes sont dissimulés sous le porche d'un ancien hôpital militaire reconverti en cases. Des ombres de cavaliers se profilent, facilement repérables à la vapeur qu'exhalent les naseaux des chevaux dans le matin glacial.
Un homme sur sa monture passe l'auvent devant la porte.

« Vos fusils, les gars, murmure Garrett à ses hommes. Ce ne peut être que ceux que nous recherchons qui galopent comme ça dans la nuit. »

« Halte ! » crie Garrett.
Une pluie de feu s'abat sur l'inconnu. Tous les hommes de Garrett sortent de leur planque et tirent à l'aveugle dans la nuit. La fusillade n'a pas duré longtemps et les hors-la-loi se sont évanouis dans le brouillard aussi vite qu'ils étaient apparus. L'un d'eux a été touché, le shérif en est sûr.
« Ne tire pas, Garrett, articule une voix qui s'approche. Je suis mort. »
Un jeune homme, écroulé sur sa monture, revient vers ses assaillants. C'est Tom O'Folliard, le meilleur ami de Billy. Une balle s'est fichée près du cœur.
« Garrett, salaud, je te retrouverai en enfer », prononce Tom dans un soupir avant de mourir.
Billy court toujours. La traque doit continuer… Il n'y a plus qu'à suivre sa trace dans la neige.
Quatre jours plus tard, le 23 décembre à 3 heures du matin, le Kid est cerné. Dans une masure de pierre à Stinking Springs, à une quarantaine de kilomètres à l'est de Fort Sumner, le jeune desperado et ses compagnons dorment à poings fermés, enroulés dans leurs couvertures. De là où sont postés Pat Garrett et ses sbires, on peut presque les entendre ronfler.

---

5. *Posse comitatus* était le droit donné à un shérif d'enrôler des hommes pour l'assister dans le maintien de la paix et l'arrestation de hors-la-loi. Le terme *posse* désigne également le détachement d'hommes.

Aux premières lueurs de l'aube, un des hors-la-loi sort nourrir les chevaux ; il est fauché par une volée de plombs. Charles Bowdre succombe quelques instants plus tard. Tandis que les bandits, réveillés par la fusillade, essayent de ramener leurs montures à l'intérieur de la masure, l'une d'elles est abattue par Garrett dans l'encadrement de la porte. Leur seule issue est désormais bloquée.

Les jeux sont faits. Billy sort les mains en l'air, arborant un grand sourire. « Si le cheval mort n'avait pas bloqué la porte, je ne serais pas là. J'aurais sauté sur ma jument pour tenter de m'enfuir. On aurait pu rester dans la maison, mais cela ne nous aurait pas avancés parce qu'ils auraient attendu que la faim nous fasse sortir. J'ai pensé qu'il valait mieux nous rendre et nous faire offrir un bon repas », déclare-t-il quelques jours plus tard à un journaliste venu l'interviewer dans sa cellule. Rendu euphorique par la foule amassée sur le passage de son convoi à Las Vegas, il ajoute non sans fierté : « Il y avait beaucoup de monde pour me regarder passer, pas vrai ? Maintenant, peut-être qu'ils penseront que je suis quand même un homme ; les gens semblaient croire que j'étais une sorte d'animal. »

Le journaliste commente ainsi sa rencontre avec le criminel : « Bien sûr, c'est un être humain, mais il ne semble pas vraiment un homme, car il a l'air et la façon d'agir d'un jeune garçon. Il a un regard bleu clair et s'amuse à lancer des clins d'œil espiègles. C'est en fait un beau garçon, avec un seul petit défaut : deux grandes dents de devant un peu proéminentes qui lui donnent l'air d'un écureuil. Sinon, il a des manières agréables et attachantes. »

Billy the Kid doit être jugé à Mesilla pour le meurtre du shérif Brady commis trois ans plus tôt. Reste à savoir si le juge, favorable à ses anciens ennemis de la guerre du comté de Lincoln, va retenir ces « manières » qui ont la faveur du journaliste.

28 avril 1881.

Deux semaines plus tôt, la sentence est tombée : pour ses crimes, « ledit William Bonney, *alias* The Kid, *alias* William Antrim, sera pendu par le cou jusqu'à ce que mort s'ensuive ».

Billy est enfermé à Lincoln, dans un ancien magasin transformé en prison. Il attend son heure. Mais pas celle de se balancer au bout d'une corde. Une mort indigne d'un homme ! pense-t-il. Outre les nombreux guets-apens auxquels il a échappé, Billy s'est évadé pas moins de huit fois ; la première fois remonte à ses quinze ans, quand il s'est éclipsé par la cheminée. Une neuvième, en cet instant critique, ne serait pas de trop.

Billy s'est évadé pas moins de huit fois. Une neuvième, en cet instant critique, ne serait pas de trop !

Pat Garrett est parti à White Oaks collecter des impôts, laissant la garde du prisonnier à ses deux adjoints Bob Olinger et James Bell. Avant de les quitter, il les a prévenus : « Restez sans cesse sur le qui-vive. »

Le Kid a conscience que sa situation est désespérée et ne cesse de réfléchir à un moyen de s'évader. En début de soirée, il sent que c'est le moment. Quand le shérif sera revenu, il n'aura plus aucune chance de réussir. Prétextant une envie pressante, Billy se rend aux toilettes, escorté par James Bell. Au retour, le jeune homme distance son geôlier dans les escaliers, sortant ainsi de son champ de vision, ce qui lui laisse le temps de dégager une main de ses menottes. L'adjoint cherche à rejoindre le captif, mais un coup violent l'envoie dinguer avant d'avoir eu le temps de comprendre ce qui lui arrive. Le Kid se précipite sur l'homme à moitié assommé, lui dérobe son revolver et lui tire dessus alors que l'autre tente de fuir.

Bob Olinger est en train de dîner au saloon voisin avec les autres repris de justice – un privilège auquel Bonney n'a pas le droit. Dès qu'il entend le coup de feu, il court vers la prison improvisée. Quand il arrive dans le jardin, une voix rieuse l'interpelle depuis une fenêtre du premier étage : « Salut Bob ! ».

Olinger lève la tête, reconnaît le jeune criminel et s'écroule, le corps transpercé des trente-six gros plombs tirés avec son propre fusil. Le matin même, il l'avait chargé : « L'homme qui prendra ça dans le ventre le sentira passer », a-t-il dit au condamné d'un air narquois. Ce à quoi le Kid avait rétorqué : « Je veux bien le croire mais fais attention, Bob, tu risques de te tirer dessus par accident. »

Quelques minutes plus tard, une fois Lincoln débarrassé de tout représentant de la loi, Billy vole un cheval et quitte la ville, les menottes pendant à l'un de ses poignets, laissant derrière lui la population figée par la peur.
La nouvelle de son évasion spectaculaire frappe de stupeur tous les États-Unis. Son nom est bientôt entouré de tous les qualificatifs du crime : « jeune démon », « terreur et honte du Nouveau-Mexique », « meurtrier depuis l'enfance », « animé par un esprit aussi hideux que l'enfer », telles sont les expressions que l'on peut trouver dans la presse, du *Las Vegas Optic* au *New York Sun.* L'Ouest – qui ne manque pourtant pas de criminels du même acabit – comme l'Est – qui semble vouloir vivre par procuration la réalité d'un monde brutal qu'il connaît mal – se passionnent pour ce jeune homme capable des pires méfaits. À grand renfort d'effets rhétoriques, les journaux vont ainsi donner naissance à la légende de Billy the Kid.

« Quand la légende est plus belle que la réalité, on imprime la légende », lance un reporter dans le célèbre western *L'Homme qui tua Liberty Valance*[6]. Réplique caractéristique de ce que représentent l'Ouest américain et les hommes qui l'ont peuplé. À la fin du XIXe siècle, l'invention de la presse rotative à vapeur permet des tirages beaucoup plus importants et facilite l'émergence des *dimes novels,* ces « romans à deux sous[7] » américains qui puisent leur inspiration dans la culture européenne. L'éditeur Ned Buntline a renouvelé le roman-feuilleton populaire en publiant dès 1869 les aventures d'un certain William F. Cody, rebaptisé Buffalo Bill, et en y incorporant indifféremment les histoires vraies et fausses qui circulent alors dans les saloons. Les personnages typiquement américains deviennent à la mode ; les cow-boys, les Indiens, les shérifs et les hors-la-loi remplacent les chevaliers et autres mousquetaires.

« Quand la légende est plus belle que la réalité, on imprime la légende. »

La guerre de Sécession s'est achevée en 1865 et a donné naissance dans la douleur aux États-Unis d'Amérique. À travers ces nouveaux

6. Western de John Ford sorti en 1962, qui a réuni à l'écran John Wayne et James Stewart.
7. D'après le mot anglais *dime*, qui désigne une pièce de dix *cents.*

récits, le cow-boy incarne une Amérique pacifiée et fière d'elle. Il devient un modèle, doté des caractéristiques propres au Nouveau Monde : individualiste, astucieux, courageux, besogneux... et, plus que tout, libre, galopant dans une plaine qui s'étend à perte de vue, vision idyllique d'une frontière sans cesse repoussée.

Après la littérature, le cow-boy s'impose sur les planches des deux côtés de l'Amérique avant de devenir la vedette du *Buffalo's Bill Wild West Show*. Tous les ingrédients des westerns s'y trouvent déjà : affrontement avec des Indiens, attaque de diligence, hold-up et autres duels entre pistoleros. Devant des spectateurs émerveillés se joue l'épopée de la conquête de l'Ouest, dans des tourbillons de poussière. Le cinéma finit par exporter dans le monde entier cette imagerie mythifiée des hommes de l'Ouest : le bon qui cherche à faire régner la justice, la brute qui tue et pille, le truand qui profite des opportunités pour s'enrichir sans scrupule. En vérité, le bon, la brute et le truand sont souvent une seule et même personne. Dans un environnement hostile où l'on ne doit compter que sur soi-même, chacun vit au seuil de la légalité. Il suffit d'ouvrir un journal pour trouver matière à écrire un récit d'aventure. Les sombres exploits commis par Billy the Kid dans les années 1880 deviendront plus tard une source d'inspiration pour les cinéastes. À peu près à la même période, Butch Cassidy, Jesse James ou Wyatt Earp, célèbres pour leurs crimes ou pour leurs prouesses, chevauchent dans les plaines désertiques du Nouveau-Mexique, du Colorado et du Texas.

La figure du cow-boy reste indissociable de la conquête de l'Ouest, mais elle est davantage le produit d'un imaginaire collectif que le reflet de la réalité. Au cow-boy aventureux, ingénieux et débrouillard, épris de liberté et luttant pour la communauté, courageux défenseur de la veuve et de l'orphelin ou rendu cruel par la dure vie de l'Ouest, on peut opposer la vie routinière et néanmoins risquée d'un être fruste et solitaire, simple garçon vacher au service de grands propriétaires. Ce qu'était Billy the Kid avant de mener une vie de fugitif et de criminel. Une vie courte et violente qui s'achève un soir d'été.

14 juillet 1881. Fort Sumner.

Minuit approche. L'heure du crime. Une lune gibbeuse à faire hurler les loups resplendit dans le ciel étoilé. Les Indiens navajos l'appellent la Lune du Tonnerre, car les orages sont fréquents à cette période de l'année sur les hautes plaines désertiques du Nouveau-Mexique. Ses rayons éclairent la nuit chaude d'une lumière froide. C'est une clarté diaphane peuplée de visions inquiétantes ; on prend les ombres pour des hommes, et les hommes pour des ombres. Les deux adjoints du shérif tapis dans l'obscurité, sous le porche du ranch de Pete Maxwell, n'ont cependant rien d'une illusion. À l'intérieur, Pat Garrett est assis sur le lit du propriétaire.

« Est-ce que le Kid se planque ici ? » lui demande-t-il à voix basse.

Au même instant, dehors, une silhouette se détache des ténèbres. Tête nue, en chaussettes, son colt dans la main droite, un couteau de boucher dans la main gauche, Billy s'approche de la maison. Le desperado, pris d'une fringale tardive, vient découper une tranche du veau suspendu à l'auvent.

Il bouscule presque l'un des adjoints avant de remarquer sa présence. Surpris, il bondit en arrière et pointe son arme.

« Qui est là ? » s'écrie-t-il plusieurs fois en reculant vers la porte, disparaissant dans la chambre de Pete Maxwell, plongée dans le noir.

« C'est qui ces gars dehors, Pete ? » reprend-il.

Un autre homme se tient là. Billy le sent et se retourne. À la tête du lit, il distingue une forme sombre penchée qu'il ne reconnaît pas. Elle semble trop grande pour que ce soit Pete Maxwell.

« Qui est là ? demande-t-il encore.

— C'est lui », chuchote le Mexicain à Pat Garrett.

Le shérif n'hésite pas une seconde. À peine a-t-il la confirmation que le Kid est devant lui qu'il sort son revolver et tire deux fois. Les explosions de la poudre éclairent quelques instants la pièce. On entend un grognement, puis un bruit sourd. Celui d'un corps qui chute. Le hors-la-loi s'effondre sur le sol, tête nue, en chaussettes, son colt désarmé dans la main droite, un couteau de boucher dans la main gauche, la faim au ventre et une question sur les lèvres : « Qui est là ? » qui aura reçu une balle pour seule réponse.

Cet affrontement fort peu épique dénote avec les récits colportés par les *dime novels*. Rapidement taxé de lâche par les amis du desperado et quelques journalistes peu soucieux de la sécurité du comté, Pat Garrett publie *La Véritable Histoire de Billy the Kid* quelques mois après son « exploit ».

Son roman biographique s'inscrit dans la lignée des *dime novels*. Il s'agit plus de faire frissonner les lecteurs que de relater la vérité ; Billy the Kid est présenté comme un criminel surhumain aux dizaines de victimes. Car il faut au shérif Brady un adversaire à sa hauteur.
Le récit de la traque et sa conclusion sont plus proches de la réalité et, dans la réponse que Garrett fait à ses détracteurs, il choisit d'en finir avec les faux-semblants du code de l'Ouest[8] : « Si j'avais peur ? écrit-il. Vous n'auriez pas eu peur, vous ? Eh bien, je dirais que oui. J'ai entrepris cette expédition en m'attendant à avoir peur. Je me suis mis en route en envisageant la possibilité de me faire tuer, mais non sans prendre toutes les précautions pour éviter une telle catastrophe. Le Kid a eu droit à un bien plus beau spectacle que ce que j'avais l'intention de lui servir. Aurais-je eu droit à un combat régulier si l'un des amis du Kid m'avait vu par hasard à Fort Sumner et l'avait informé de ma présence dans cette ville, et plus précisément dans la chambre de Pete Maxwell, lors de cette nuit fatidique ? »

8. Le code de l'Ouest désigne un ensemble de lois informelles et non écrites qui façonnaient les rapports entre les hommes de la Frontière. Il incitait à l'individualisme, à l'autodéfense et au courage, mais interdisait aussi, par exemple, de tuer un homme désarmé.

PAT GARRETT A CONNU LUI
AUSSI UNE MORT SANS GLOIRE,
LE 29 FÉVRIER 1908: IL A ÉTÉ TUÉ
D'UNE BALLE DANS LA NUQUE PAR
UN ÉLEVEUR DE CHÈVRES À QUI IL
DEVAIT QUELQUES BILLETS VERTS.
POUR UNE POIGNÉE DE DOLLARS.

LE CLOWN TUEUR

POGO

il est revenu

Pogo, il est revenu

« Pogo, des bonbons ! Pogo, des bonbons ! » Voici ce que crient les enfants assis en tailleur sur leur lit d'hôpital.

Le clown virevolte, grimace et jongle au milieu de la chambre d'hôpital. Sur les lits, des enfants assis en tailleur rient de ses cabrioles en tapant dans leurs mains.

« Pogo, des bonbons ! Pogo, des bonbons ! » s'écrient-ils.

Et Pogo le clown s'arrête quelques instants pour distribuer bonbons et sucres d'orge à toutes ces menottes qui se tendent vers lui.

« J'en veux aussi ! J'en veux aussi ! répète un garçon.

— Eh bien, mon p'tit gars, t'as pas déjà eu des friandises ? lui demande Pogo dans un éclat de rire.

— Non, m'sieur le clown, vous m'avez oublié ! »

L'enfant voit s'approcher Pogo par petits sauts.

Le clown porte des gants aussi blancs que ses grosses joues recouvertes de fard. Son costume et son bonnet écarlates sont ornés de pompons de toutes les couleurs. Il a comme une parenthèse au milieu du visage, un sourire dessiné par un épais trait rouge. Des triangles bleus entourent ses yeux. Des yeux qui n'ont plus rien de sympathique, note le garçon. Une flamme étrange y brûle. Le petit malade aimerait n'avoir rien dit, mais c'est trop tard.

« Sale petit menteur », souffle Pogo entre ses dents.

Le clown tourne la tête à droite : aucun surveillant. À gauche : les autres gosses sont trop occupés à sortir les friandises de leurs sachets. Il attrape le poignet du garçon qui a osé réclamer et le lui tord. L'enfant reste muet, terrorisé, comme happé par les yeux du clown. Des morts semblent l'observer à travers ce regard.

Pogo n'arrête son geste que lorsqu'il voit de grosses larmes perler sur les cils de sa victime et reprend alors sa distribution de bonbons. La prestation est terminée.
John Wayne Gacy se démaquille, enlève son déguisement et rentre chez lui, au 8213 Summerdale Avenue, Des Plaines, dans la banlieue de Chicago. Une maison de modeste apparence sous laquelle pourrit une vingtaine de cadavres.

John Wayne Gacy est revenu. Originaire de Chicago, il a quitté la ville et son foyer familial en 1962, à l'âge de vingt ans, pour prendre son indépendance. Et prouver par la même occasion à son père, un homme autoritaire, qu'il n'est pas un bon à rien. Il a d'abord travaillé dans une morgue, puis pour une compagnie d'ambulances à Las Vegas ; des métiers difficiles mais utiles pour la communauté. Il s'est ensuite rendu dans l'Illinois, à Springfield. Là, il a exercé le métier de représentant de commerce pour une société de chaussures et a rencontré Marlynn Myers, dont il est tombé fou amoureux. Après leur mariage, le couple emménage à Waterloo, Iowa, où le père de sa nouvelle femme le place à la tête de trois de ses restaurants. Prospère, engagé dans la vie politique locale, Gacy a tout pour couler des jours heureux jusqu'à la fin des temps. Mais le destin en décide autrement... Son beau-père se révèle un type détestable et jaloux. Avec plusieurs personnes, il fomente un mensonge qui expédie Gacy derrière les barreaux pour agression. À sa sortie, sa femme demande le divorce et il choisit de retourner à Chicago pour se reconstruire après ses deux années de prison injustifiées.
Telle est du moins l'histoire que raconte John Wayne Gacy à ses voisins de Des Plaines. Et pour quel motif remettrait-on sa parole en doute ? Cet homme rond et souriant, toujours prêt à rendre service, inspire confiance. À la tête d'une entreprise de rénovation florissante, ce bourreau de travail occupe son peu de temps libre à chercher des soutiens pour le parti démocrate et à endosser un costume de clown pour divertir les enfants dans les orphelinats et les hôpitaux. Chaque année, il se démène pour organiser la parade du Polish Constitution Day et faire honneur à ses lointaines origines polonaises. Un engagement et un altruisme qui lui ont valu une poignée de main de la femme de Jimmy Carter, alors président des États-Unis. Ce moment

est immortalisé par une photographie accrochée dans son salon. En 1972, il s'est remarié avec une amie de jeunesse. Si le couple divorce en 1976, mari et femme sont restés en bons termes. John est donc l'exemple même de la réussite à l'américaine.

Mais quelques lézardes apparaissent sur la façade de cette vie de citoyen modèle. Si la plupart des résidents de Summerdale Avenue s'accordent à dire qu'il est charmant, quelques-uns le trouvent grande gueule, vantard et un peu menteur. Et pourquoi n'embauche-t-il que de jeunes hommes blonds avec qui il traîne plus que de raison ? On raconte que cela n'est pas étranger à son second divorce, peut-être même au premier, voire à son séjour en prison. Pourtant, ce n'est pas à cause de toutes ces rumeurs que les voisins de Gacy déclinent depuis quelque temps ses invitations à dîner. D'abord, il y a ces clowns qu'il peint et expose chez lui, dont se dégage quelque chose de malsain. Surtout, il y a cette odeur… Une odeur désagréable qui devient intolérable lors des chaudes journées d'été, que l'on décèle partout dans la maison et qui coupe l'appétit au plus affamé des invités. Un problème inhérent à l'installation de la tuyauterie, explique l'hôte face à la gêne de ses rares convives.

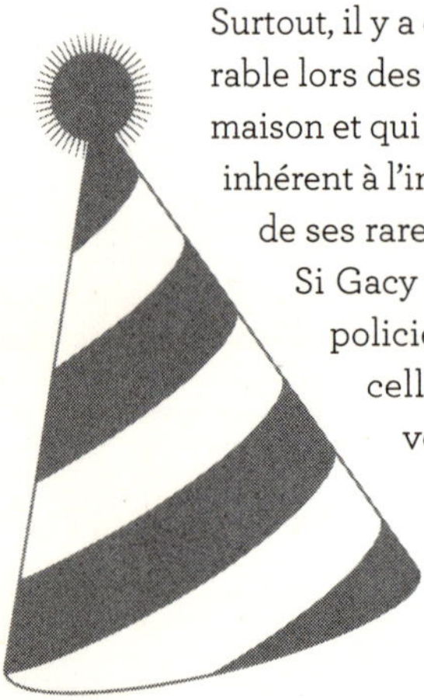

Si Gacy avait compté dans ses amis un médecin légiste ou un policier, celui-ci aurait sans doute reconnu cette exhalaison, celle que produit un corps en décomposition. Mais les voisins sont de petits entrepreneurs, commerçants ou professeurs, et personne ne fait le lien entre Gacy et plusieurs disparitions étranges de jeunes hommes survenues ces dernières années.

À Chicago, les hivers sont rudes, et celui de 1978 ne fait pas exception à la règle. Le 11 décembre est l'un des jours les plus froids de l'année. C'est aussi ce jour-là que Robert Piest, dix-sept ans, a disparu. Subitement. C'est pourtant un jeune homme sans histoire qui ne se rend nulle part sans prévenir ses parents. Ce soir-là, il devait fêter le quarante-sixième anniversaire de sa mère, mais il avait d'abord rendez-vous avec un entrepreneur en bâtiment pour un petit boulot mieux payé que le sien dans une pharmacie. Rob est parti le matin à son travail, puis s'est volatilisé dans l'air glacial et mordant de la ville. Le lendemain, la famille Piest au complet se rend au poste de police pour signaler sa disparition.

Après quelques vérifications, un officier estime que « cette affaire pue » et met l'enquêteur James Pickell sur le coup. Personne ne croit au scénario de la fugue ; au commissariat, les gosses et les familles à problème, on sait les reconnaître. Ici, rien ne cloche. Rob a des parents aimants, une petite amie et aucune difficulté scolaire. Pickell ne part pas de zéro : on sait qui est l'entrepreneur que devait rencontrer le jeune homme, un certain John Wayne Gacy. Un policier l'a appelé, mais il a nié avoir parlé à Rob malgré des témoignages concordants qui disent tout le contraire. Dans le doute, l'inspecteur se rend au Central de Chicago pour voir si ce fameux Gacy est fiché. Il avance sous le plafond bas des archives, entre les sombres couloirs de casiers qui contiennent des décennies de procès-verbaux, de rapports et de photographies, innombrables preuves de la pulsion de mort qui habite la nature humaine.

Le 11 décembre est l'un des jours les plus froids de l'année. C'est ce jour-là qu'un jeune de dix-sept ans, un jeune homme sans histoire, a disparu subitement.

Lettre G... Rien.

Quoique...

Le dossier pénal d'un certain « John Wayne Gary » figure dans les registres. En 1968, ce presque homonyme a été condamné à dix ans de prison pour avoir violé deux jeunes hommes à Waterloo, Iowa. Il a été libéré deux ans plus tard pour bonne conduite. Curieuse coïncidence. Pickell emporte les documents pour les comparer avec les informations qu'il possède sur le Gacy de Des Plaines. Un agent de police a sûrement fait une faute de frappe en entrant le nom, car tout se recoupe : date et lieu de naissance, numéro de sécurité sociale... Même si le fait de posséder un casier judiciaire ne constitue pas une preuve, l'inspecteur nourrit désormais de gros soupçons et la brigade criminelle décide de rendre une visite à l'entrepreneur.

Dans l'encadrement de sa porte, John Wayne Gacy reconnaît être passé à la pharmacie où travaille Rob, mais il en est reparti seul pour se rendre à l'hôpital de Chicago, où son oncle vient de mourir.

« Comme vous êtes l'une des dernières personnes à avoir vu Rob Piest, je vais vous demander de nous accompagner au poste de police pour faire une déposition, déclare un policier.

— Pas de problème. Je suis heureux de pouvoir vous aider. Mais je dois d'abord régler quelques détails avec ma tante pour l'enterrement de son mari.

— Peut-être pourriez-vous arranger cela par téléphone ?

— Je vous répète que je ne peux pas venir maintenant au poste, commence à s'énerver Gacy. J'ai des choses plus importantes à faire dans l'immédiat.

— Et ça va vous prendre combien de temps ?

— Je ne sais pas, une heure, tout au plus. Mais c'est quoi, votre problème, les gars ? Vous n'avez donc aucun respect pour un défunt ? »

Plus tard, on s'horrifiera de cette question posée avec tant de confiance quand on apprendra que le corps du jeune Robert Piest se trouvait dans le grenier, au-dessus de la tête des policiers, la corde qui l'avait étranglé encore autour de son cou. Mais les enquêteurs n'ont d'autre choix que de rejoindre leur voiture, poursuivis par le rire muet des clowns encadrés qui ornent le vestibule.

21 décembre 1978. L'agent Daniel Genty est le premier à descendre dans le *crawl space*[1] du 8213 Summerdale Avenue par une trappe située dans le couloir. C'est un reçu trouvé dans une poubelle de Gacy lors d'une première perquisition qui les a conduits à cet endroit. Un reçu au nom de Robert Piest. L'entrepreneur ne peut plus nier qu'il a rencontré le jeune homme.

Plus tard, on découvrira avec horreur que le corps du jeune Robert Piest se trouvait dans le grenier, au-dessus de la tête des policiers.

« On se croirait dans les égouts, là-dedans ! » La seule ampoule suspendue ne suffit pas à percer l'obscurité de cet espace bas où règne une atmosphère poisseuse.

Plié en deux sous le plancher de la maison, le policier allume sa lampe torche.

Des rats fuient le rayon lumineux en couinant bruyamment. Entre les canalisations et la plomberie, sur leurs toiles, des araignées observent la scène de leurs multiples yeux brillants. Des asticots grouillent sur le sol humide et spongieux, qui semble mouvant. Chaque pas renvoie un son de serpillière gorgée et fait remonter une odeur insupportable. Lors de leur dernière visite, les policiers ont cru que les déjections répandues un peu partout

1. Espace situé entre le sol et le premier plancher d'une habitation.

dans la maison par le chien de Gacy en l'absence de son maître justifiaient cette puanteur omniprésente. Aujourd'hui, ils comprennent que quelque chose d'horrible est à l'origine de ces effluves. Pogo guette-t-il sa prochaine proie ? Peut-être va-t-il apparaître soudainement dans le halo de la lampe, dans son costume de cirque éclaboussé de sang, le visage figé dans un rictus sardonique, rendu effrayant par ses petites dents acérées. Peut-être proposera-t-il à ce policier un peu trop téméraire un ballon avant de se ruer sur lui, l'emportant ensuite sous terre, où son cadavre flotterait lui aussi, avec celui de toutes les autres victimes du clown maléfique.

Mais non, Pogo n'existe pas. Seul existe John Wayne Gacy, actuellement en train de se faire cuisiner au commissariat de Des Plaines. Daniel Genty commence à creuser. Une première pelletée, une deuxième, une troisième. Mélangée à la boue, une substance blanchâtre et suintante, nauséabonde : de l'adipocire[2]. Le policier poursuit sa besogne, malgré un haut-le-cœur, espérant encore qu'il s'agit d'un animal mort. Puis la pelle rencontre quelque chose de plus dur qui l'empêche d'aller plus loin. Genty en dégage une partie, puis tire l'objet vers lui. Un tuyau ? Une vieille planche ? Non... c'est un os, de la taille d'un fémur. Des lambeaux de chair avec leurs poils y pendent encore.

« Vous pouvez l'inculper, dit Genty en se tournant vers ses collègues.

— S'agit-il de Robert Piest ?

— Je ne crois pas. Celui-ci est mort depuis plus longtemps. »

C'est un charnier.

« T'as perdu la partie, gros tas, on a trouvé des cadavres sous ta bicoque ! commence un enquêteur au poste de police. Qu'est-ce qui s'est passé, le 11 décembre ?

— Lorsque je suis retourné à la pharmacie, le gamin m'attendait. Je l'ai amené chez moi. Celui-là, c'était un drôle ! Il voulait gagner du fric facilement et rapidement. Il m'a dit qu'il était prêt à tout pour ça. Eh ben, c'était pas vrai. Je lui ai passé les menottes, mais il s'est mis à chialer. Ça m'a énervé. Il ne me restait plus qu'un truc à lui montrer,

2. Aussi appelé « gras de cadavre », l'adipocire est la substance grasse qui résulte de l'altération des lipides lors de la décomposition des corps.

la corde. J'étais en train de l'étrangler quand le téléphone a sonné. Le temps que je réponde, je l'ai retrouvé par terre, en pleines convulsions. Je l'ai mis au lit, mais je crois bien qu'il était déjà mort.
— Lui aussi, il est dans la cave ?
— Non, il n'y est pas. Il est à une bonne centaine de kilomètres d'ici. Vous comprenez, y avait plus de place sous ma baraque. Au début je les planquais chez moi. Je les mettais d'abord un coup dans l'acide, et ensuite je répandais de la chaux vive. Pour l'odeur. »
Le maquillage de Pogo le gentil clown a coulé sur le visage du monstre John Wayne Gacy.

Un peu plus tôt dans cette même année 1978, Stephen King, qui vit alors à Boulder, une petite ville en altitude du Colorado, se rend chez le garagiste récupérer sa voiture tombée en panne. Chaussé comme un cow-boy, il traverse un pont de bois enjambant un ruisseau, dont les planches répercutent le bruit de ses pas. Il s'imagine qu'un troll a élu domicile dessous et demande d'un ton courroucé : « Qui fait tout ce boucan sur mon pont ? » Puis il se remémore un poème qui parle de « crapauds réels dans les jardins de l'imagination ». Pourquoi ne pas écrire sur un véritable troll qui hanterait les jardins de l'imagination ? Stephen King récupère sa voiture et repense de temps à autre à cette idée : le pont devint le symbole du passage de l'enfance à l'âge adulte, puis s'incarne dans une ville fictive du Maine, Derry. Le ruisseau calme où vit le troll devient les égouts de Derry et le troll évolue en une créature extraterrestre se nourrissant de la peur des enfants et les dévorant après leur être apparue sous une forme *a priori* inoffensive : celle d'un clown.

L'ancêtre du clown, le bouffon, existe depuis l'Antiquité ; le redoutable Attila le Hun en aurait eu un pour se divertir entre deux batailles. Parfois déguisé, souvent choisi en raison d'une particularité physique – le nanisme majoritairement –, le bouffon a le devoir de faire rire le seigneur. Le mot « clown » s'immisce dans la langue anglaise au XVIe siècle, désignant un paysan, un rustre, pitre malgré lui dans les pièces de théâtre, puis finit par qualifier le personnage de cirque dès le XVIIIe siècle. Au début des années 1800, Joseph Grimaldi, acteur et mime anglais, est un des premiers à fixer le type du clown moderne avec son célèbre personnage Joey, habillé d'un costume aux couleurs rutilantes, le visage fardé de blanc et les joues écarlates. Depuis, le clown s'illustre dans les cirques et autres spectacles, s'adonnant aux facéties ou à la satire pour faire rire petits et grands. Faire rire ? Pas seulement.

Car les clowns font aussi peur. Et de plus en plus. Des études montrent que la peur des clowns peut s'expliquer scientifiquement, en raison du comportement volontairement imprévisible du personnage. Quand on ne sait pas à quoi s'attendre, un mécanisme défensif se met en branle dans le cerveau. À cela s'ajoutent l'accoutrement et le maquillage qui masquent l'humanité du clown. Dans *Bad Clowns,* Benjamin Radford démontre que le trope du clown glauque ne date pas d'hier, mais ce sont les crimes de John Wayne Gacy qui ont introduit dans l'imaginaire collectif contemporain le lien entre les clowns et les comportements meurtriers. Le roman de Stephen King et ses adaptations cinématographiques n'ont fait que renforcer cette peur. La coulrophobie[3] a encore de beaux jours devant elle.

« La maison du crime est toujours insupportable aux voisins, un peu comme le visage de quelqu'un qui les aurait trahis. »

Stephen King n'a jamais dit s'être inspiré de John Wayne Gacy et de son alter ego Pogo pour concevoir le clown maléfique Grippe-Sou (Pennywise en anglais) du roman *Ça,* qu'il commence à écrire en 1981, donc un an après le procès et la condamnation du tueur en série. Mais le romancier n'a pas pu passer à côté de cet horrible feuilleton judiciaire qui a secoué les États-Unis. Peut-être a-t-il été influencé sans en avoir conscience. En tout cas, de même la ville de Derry s'effondre avec ses égouts à la mort de Grippe-Sou, le repaire de Pogo n'aura pas survécu à son arrestation.

« La maison du crime est toujours insupportable aux voisins, un peu comme le visage de quelqu'un qui les aurait trahis », écrit Thomas Harris dans *Dragon rouge,* premier tome de la saga romanesque dont le protagoniste est un tueur en série cannibale, Hannibal Lecter. Les

---

3. La phobie des clowns.

voisins de Gacy n'auront pas à affronter durablement la vision du 8213 Summerdale Avenue. Après que la police a sorti vingt-neuf cadavres du vide sanitaire, des engins de chantier rasent les murs, le toit et les fondations, effaçant à jamais du monde des vivants la trace de Pogo.

Depuis son jugement, Gacy arpente ce lieu en suspens entre la vie et le trépas : le couloir de la mort. Toutes les preuves de ses crimes se trouvant sous son plancher, le procès a été vite expédié. Six semaines seulement. Reconnu coupable de trente-trois meurtres avec préméditation – quatre autres cadavres ont été retrouvés jetés dans le fleuve –, le tueur a été condamné à vingt et un emprisonnements à perpétuité et douze sentences de mort. John Wayne Gacy devient l'homme des records sordides et il en est fier : « Et merde, je figure quand même dans le *Guinness Book*, ce n'est pas rien, déclare-t-il un jour. Ce n'est pas donné à n'importe qui. Moi, j'étais doué ; au bout de la première douzaine, ça devenait presque de la routine. Sur la fin, c'était presque trop facile, de zigouiller ces petits cons. »
Il est rarement aisé de comptabiliser le nombre de victimes d'un tueur en série. Avant l'apparition du terme *serial killer*, dans les années 1980, on privilégiait ceux de *mass murderer* ou encore *stranger killer*, soulignant ainsi le fait qu'il n'y a souvent aucune relation entre le tueur et sa victime – Gacy choisissait la plupart du temps de jeunes hommes désœuvrés, en rupture de ban avec la société et leur famille. L'impossibilité de faire des rapprochements, la volonté de faire disparaître les cadavres et de brouiller les pistes, la mobilité des tueurs rendent particulièrement difficile le travail des enquêteurs. Une fois arrêtés, certains cherchent à minimiser leurs crimes pour sauver leur tête quand d'autres, au contraire, souhaitent être reconnus pour leurs « exploits » et vont jusqu'à grossir leur tableau de chasse. On ne saura jamais combien de personnes ont réellement tué des monstres comme Albert Fish, Ted Bundy ou Otis Toole. Jamais Gacy n'a manifesté le moindre remords ni semblé ressentir ce qui pourrait s'apparenter de près ou de loin à un sentiment de culpabilité. Normal, puisque ce n'est pas lui qui a commis ces meurtres : c'est Jack Hanley qui prend le contrôle de sa personne quand il

ramène de jeunes prostitués dans sa maison. « Demandez à Jack » est une des phrases qu'il n'a cessé de répéter pendant ses interrogatoires. Est-il fou ? Cinq psychiatres ont établi son profil psychologique ; comme la plupart des *serial killers*, Gacy a eu une enfance malheureuse. Son père était un homme violent et insensible, qui le frappait et l'insultait en le traitant de « pédé » ou de « tapette ». Son embonpoint suscitait les moqueries de ses camarades d'école et l'empêchait de faire du sport, et il n'a commencé à fréquenter des femmes que tardivement. Les traumatismes liés à son enfance ont pu pousser Gacy à devenir un criminel, malgré des capacités intellectuelles supérieures à la moyenne qui auraient pu le conduire dans une voie beaucoup moins sordide. À un mois du procès, les psychologues ont demandé à Gacy de se remettre dans le contexte de ses crimes, de « rejouer » le processus. Face à une assemblée médusée, plusieurs personnalités se sont mises à parler à travers lui : le gentil Gacy, le méchant Jack Hanley... Bien sûr, il est toujours possible qu'il ait tenté de se faire passer pour fou afin d'éviter la peine capitale.

Face à une assemblée médusée, plusieurs personnalités se sont mises à parler à travers le meurtrier : le gentil Gacy, le méchant Jack Hanley...

« Quand un meurtrier qui a tué dix personnes parvient à ne pas se faire prendre, c'est qu'il est plutôt expert en la matière. Ne faites pas l'erreur de confondre un psychopathe avec un psychotique », explique John Douglas, agent du FBI qui a aidé à traquer des dizaines de tueurs en série à travers tous les États-Unis. Dans ses mémoires, il assume une position qui a de moins en moins la faveur du public : le maintien de la peine de mort pour les tueurs de la trempe de John Wayne Gacy. Un autre agent du FBI a rencontré Gacy pour une interview diffusée à la télévision. Le tueur n'a cessé de se contredire, clamant d'abord avant d'affirmer avoir voulu purifier la Terre de parasites – comme le psychopathe du film *Seven*. L'agent voulait savoir si le nombre des victimes pouvait avoir été plus élevé, mais il n'a obtenu aucune nouvelle révélation et le compte est resté à trente-trois.

Il est toutefois possible d'ajouter deux autres noms à cette liste macabre. Celui de James Pickell, le premier enquêteur chargé de l'affaire, qui succombe à une crise cardiaque en 1980 ; sa famille a déclaré que la recherche de l'identité des victimes et le procès l'avaient affaibli. Et celui de Jason Moss.

Mars 1994. Jason Moss pénètre dans le parloir et entend la porte se refermer derrière lui.

« Où serez-vous si j'ai besoin de vous ? » demande-t-il en se retournant. Mais le gardien disparaît au tournant du couloir sans répondre.

C'est à ce moment-là que Jason commence à avoir vraiment peur. L'homme qui a tué trente-trois personnes se tient devant lui. Son sourire amusé en dit long ; les gardiens ne seront d'aucune utilité au jeune homme, Gacy est chez lui dans cette prison, dans son antre. Pourquoi Moss a-t-il pris ce risque ? Par excès de confiance. Étudiant en droit criminel, il espère pouvoir réussir là où le FBI et les psychiatres ont échoué et obtenir du meurtrier des aveux inédits. Pour cela, il a correspondu avec Gacy, se faisant passer pour un homosexuel et inventant même des relations sexuelles avec son petit frère. Il sait que, pour rencontrer le monstre, il doit endosser une personnalité qu'il n'a pas. Mais contrairement à ce qu'on lui a dit, rien ne le sépare de son terrible hôte. Aucune grille, aucune paroi en plexiglas. Il est seul avec lui, à sa merci.

« Les gardiens sont de l'autre côté des barreaux. Il leur faudra deux minutes pour venir ici si tu te mets à hurler. Je pourrais te tuer maintenant. Tu le sais, n'est-ce pas ?

La pièce est minuscule, seulement meublée de deux chaises, d'un petit bureau et d'un radiateur. Sur le sol, un dossier que le criminel a estampillé « Top Secret » et auxquels seuls lui et ses avocats ont accès. Le FBI pense que le tueur a pu y consigner d'autres meurtres. John Wayne Gacy est égal à lui-même : rondouillard, l'air inoffensif. Quatorze ans sans pouvoir se promener dehors ont rendu sa peau blême. On dirait que le masque de Pogo ne quitte plus son visage. Ses cheveux devenus poivre et sel sont maintenus en arrière avec de la gomina et il sent fort l'eau de Cologne. Il s'est fait beau.

« Heureux de te voir », dit-il en tendant la main à Jason Moss.

La première heure, Gacy se révèle agréable. Il parle de ses conditions de détention, puis montre à son invité des lettres d'admirateurs. Moss se sent de plus en plus en confiance malgré le regard insistant, avide que le prisonnier pose sur lui. Soudain tout bascule. Le jeune homme veut aller trop vite – il ne semble pas avoir bien compris à qui il a affaire. Quand il aborde le sujet des meurtres, le comportement de Gacy se fait plus inquiétant. Pendant tout le reste de la visite, le tueur oscille entre agressivité et douceur, la première position finissant par prendre le pas sur l'autre.

John Wayne Gacy dévoile ses réelles intentions : violer le jeune homme.

« Les gardiens sont de l'autre côté des barreaux, dit-il sur un ton furieux. Tu sais combien de temps il leur faudra pour venir ici si tu te mets à hurler ? Probablement deux minutes. Je pourrais te tuer maintenant si je le désirais. Tu le sais, n'est-ce pas ? Je pourrais prendre ce stylo et te l'enfoncer dans la gorge. Tu te viderais de ton sang avant que quelqu'un ne puisse t'aider. »

Paniqué, pris au piège, Jason Moss finit par s'écrouler, en larmes, pris de convulsions. Bien que le tueur ait déjà vu d'autres victimes dans ce triste état, il a perdu l'habitude et laisse l'étudiant repartir.

Le lendemain, remis mais n'ayant tiré aucune leçon de son expérience, Moss revient pour une seconde visite.

C'est pire encore. Gacy n'attend pas longtemps avant de se ruer sur sa victime pour l'immobiliser malgré ses menottes. Il connaît son coup par cœur après trente-trois tentatives réussies.

« Hier soir, je me suis endormi en imaginant tout ce que j'allais te faire aujourd'hui », grogne-t-il à l'oreille de Jason.

Heureusement, un gardien en faction passe devant la cellule et libère Moss. Celui-ci s'abstient de la troisième visite prévue le lendemain, ayant pris conscience d'une chose : il n'a pas piégé Pogo, c'est Pogo qui l'a piégé.

« Le couloir de la mort est un endroit épatant. J'ai la télé, avec les chaînes câblées, le téléphone, quand je veux. Je peins, je reçois des visites... J'ai tout un tas de privilèges et personne ne vient m'emmerder », a écrit John Wayne Gacy dans une lettre.

Jusqu'au dernier moment, le tueur en série s'est comporté avec une morgue rare, usant de tous les moyens possibles pour gagner de l'argent et négocier des avantages. Il a exigé des cadeaux de ses correspondants, monnayer les appels qu'on lui passait, peint et vendu pour cent mille dollars d'« œuvres ». Parmi elles, un croquis de Jésus Christ, les sept nains de Blanche Neige, un autoportrait en Pogo, un dessin de Grippe-Sou. Aujourd'hui encore, ses peintures et ses lettres inondent le commerce des *murderabilia*[4].

Mais après avoir épuisé tous les recours possibles, sa ligne téléphonique et ses pinceaux ne lui ont plus été d'aucune utilité. Le 10 mai 1994, après seize longues années de prison, John Wayne Gacy a connu sa plus courte nuit.

Ce jour-là, il déguste son dernier repas, des crevettes panées, puis s'allonge sur un siège médical. Les bourreaux, qui ont troqué depuis longtemps leur hache pour des seringues, lui administrent une double dose de penthotal de sodium.

Il s'endort paisiblement.

Puis une dose de bromure de pancuronium.

Les minutes passent et le torse de Gacy continue à se soulever normalement. Ce monstre sort-il d'un film d'horreur ? Non, le cathéter est simplement défectueux. On recommence. Cette fois, c'est la bonne.

La mort de John Wayne Gacy n'aura pas apaisé Jason Moss, profondément bouleversé par sa rencontre avec le tueur en série. Pourtant, l'étudiant obtient son diplôme avec les honneurs, effectue des stages dans la police fédérale et devient avocat pénaliste. Atteint de dépression, il se suicide par balle le 6 juin 2006. Dans *The Last Victim,* publié en 1999, le jeune homme a avoué qu'il était assailli de cauchemars dans lesquels il voyait John Wayne Gacy rôder dans sa chambre.

---

4. Ce terme désigne les objets ayant appartenu à des tueurs ou ayant un rapport avec eux : photos de scènes de crime, pièces à conviction, etc.

UNE ULTIME FOIS,
POGO EST REVENU...

L'EXPLORATEUR

HIRAM BINGHAM

et les aventuriers de la cité perdue

Hiram Bingham et les aventuriers de la cité perdue

7 février 1909.

« Valor ! Valor ! Valor ! » répète le guide à tue-tête.

Hiram Bingham gravit le sentier à flanc de falaise et qui surplombe le vide, parfois tellement abrupt qu'il est plus aisé d'y avancer à quatre pattes, et semé de cascades qu'il faut franchir en prenant appui sur des rochers couverts de mousse glissante.

Bientôt, d'antiques terrasses agricoles et des vestiges d'édifices apparaissent, éparpillés sur l'épaulement de la montagne qui lui fait face, au milieu d'une végétation luxuriante.

Les ruines de Choquequirao.

C'est ici que le gouverneur de Cuzco l'a envoyé dans l'espoir qu'il y trouve un trésor inca.

Bingham accélère le pas, redoublant d'effort pour se frayer un chemin dans les broussailles et les fourrés de bambous.

Arrivé sur un chemin de crête, il lève la tête, interpellé par le passage d'une ombre.

Un condor à l'allure menaçante plane, réduisant son orbite à mesure qu'il descend. L'envergure de l'oiseau de proie dépasse trois mètres et une machette ne serait pas d'une grande utilité.

L'aventurier se fige, aussi immobile que les ruines non loin. Il déglutit et ferme les yeux, prêt à sentir les serres lui labourer le visage.

Le condor continue de descendre... puis, d'une inclinaison d'aile, fond dans une autre direction.

Quand Hiram Bingham ouvre de nouveau les paupières, l'oiseau n'est plus qu'un point à l'horizon. Il soupire. Choquequirao est à lui.

Pendant quatre jours, l'explorateur va défricher le site, dresser des relevés et des plans, réunir des poteries brisées et pénétrer dans des tombeaux, sous l'œil horrifié des porteurs indiens, convaincus qu'il souhaite communiquer avec l'esprit des morts. Mais de trésor, il ne trouve aucune trace.

Quand il revient à Cuzco, le gouverneur le remercie sans parvenir à masquer sa déception.

Bingham rentre aux États-Unis où sa chaire à l'université de Yale l'attend. Certes, il n'a pas trouvé de trésor, mais lui qui n'avait jamais visité le royaume inca vient de déceler en lui une chose beaucoup plus précieuse que des montagnes d'or : une passion qui le mènera à une grande découverte.

1572. Túpac Amaru doit abandonner Vilcabamba, son dernier refuge. Les hommes barbus arrivent, précédés par le feu des gueules de bronze et les cris des guerriers en déroute.

L'Inca progresse péniblement, aidant sa jeune épouse enceinte à soutenir le rythme de leur fuite à travers la forêt dense qui recouvre la vallée. À l'arrière, ce qui reste de sa garde personnelle brûle les greniers de maïs et plante dans le sol humide des roseaux effilés comme des poignards. Devant, un petit groupe ahane sous le poids d'une plateforme supportant l'effigie en or du Soleil et qui abrite les cendres des cœurs des empereurs incas.

Túpac Amaru pense avoir encore une chance de s'en sortir : s'il parvient à rejoindre la contrée des Mañaris, une tribu alliée, ses poursuivants abandonneront peut-être. De là-bas, il pourra ensuite reconquérir les territoires perdus, comme l'a fait jadis Manco Cápac, le fondateur de la dynastie inca. Depuis quarante ans, les siens vivent réfugiés dans les montagnes mais, comme son père et ses frères, à l'exception de Sayri Túpac[1],

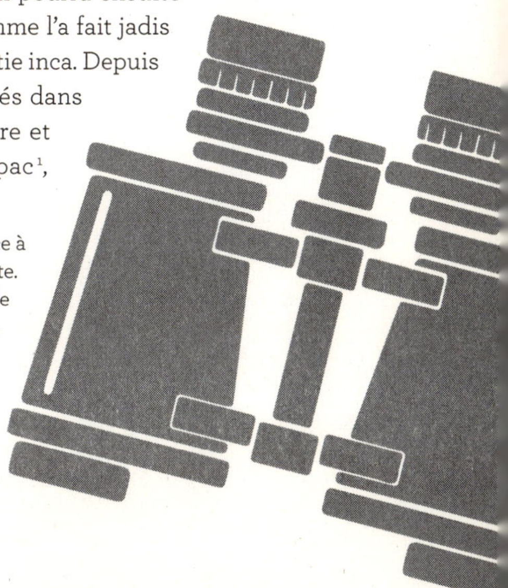

1. Sayri Túpac avait accepté de faire allégeance à la couronne d'Espagne et de quitter sa retraite. En contrepartie, il avait reçu des terres près de Cuzco où il s'était fait construire un palais. Après sa mort, le trône de Vilcabamba passe aux mains de son frère Titu Cusi Yupanqui puis, à la mort de ce dernier, à celles de leur plus jeune frère, Túpac Amaru, ennemi proclamé des conquistadors.

Amaru n'a pas perdu espoir que son peuple retrouve sa splendeur d'antan.
Un jour il siégera de nouveau dans le palais de Cuzco, défendu par la forteresse de Sacsahuamán, et choisira des épouses parmi les plus belles femmes que préservent jalousement les murs du temple du Soleil.
Garcia de Loyola, lui aussi, a une certitude : si deux cents conquistadors ont pu écraser l'empire inca au sommet de sa gloire, avec ses dizaines de milliers de guerriers, la colonne d'hommes qu'il conduit pourra achever un travail trop longtemps reporté.
Envoyé par le vice-roi d'Espagne pour capturer l'Inca après le massacre d'un prêtre et d'un émissaire, le capitaine a rencontré peu de résistance. Le roulement des canons rebondissant contre les parois de granite, tonnerre dans un ciel sans nuage, terrorise les idolâtres. Il a même trouvé déserté le pont de Chuquichaqua, un étroit édifice de bois suspendu à des lianes et unique accès à la vallée de Vilcabamba. Le plus difficile a été de se résoudre à le traverser, tant il se balance dangereusement au-dessus du fleuve.
Les Indiens rendent les armes, villages et places fortes sont conquis les uns après les autres. Pas de pitié pour autant. Hommes, femmes et enfants sont passés au fil de l'épée : c'est la vengeance de la couronne espagnole contre ce peuple qui a osé défier son autorité.
La traque dure des mois et conduit les deux groupes dans les parages de l'« enfer vert », l'insondable forêt amazonienne, qui pullule de sauvages, de serpents venimeux et autres créatures inconnues.
Un soir, Túpac Amaru et ses fidèles se reposent autour d'un feu de camp. Dans leur fuite précipitée, ils se sont égarés et redoutent de s'aventurer au-delà des frontières de leur monde. De tous les malheurs qu'il envisage, mourir de faim est celui qui répugne le plus à l'Inca. C'est une fin indigne d'un empereur.

Attiré comme un insecte par le rougeoiement des flammes, Garcia de Loyola s'approche, les yeux fous. Il a manqué mille fois périr, assailli par des hordes d'Indiens, menacé par les éléments,

contraint de s'aventurer au bord de profonds précipices. Beaucoup de ses hommes se sont noyés en traversant les rapides sur des radeaux construits à la hâte. Il est temps d'en finir.
Des pourparlers s'engagent dans l'obscurité.
Le capitaine espagnol, marié à une princesse quechua, connaît la langue de l'Inca et sait trouver les mots qu'il faut.
Espérant être traité avec les égards dus à son rang, Túpac Amaru se rend. Mais comme son oncle Atahualpa[2] et comme son père Manco Inca[3], il est victime d'une trahison.
L'Inca est conduit les fers aux pieds jusqu'à Cuzco où régnait naguère sa glorieuse lignée. Sur la place publique, ses fidèles sont exécutés, sa femme est torturée et lui-même décapité.
Ainsi s'éteint la puissante civilisation inca.

Vilcabamba, la dernière cité des Incas, perdue quelque part dans la cordillère des Andes, obsède Bingham. Peut-être y trouvera-t-il le trésor des Incas ?

Hiram Bingham n'ignore plus rien de la traque de Túpac Amaru. Depuis deux ans, il lit et relit les relations de conquistadors, les récits de voyage du XIXe siècle, correspond avec des spécialistes, compare d'anciennes cartes du Pérou. Vilcabamba, la dernière cité des Incas, perdue quelque part dans la cordillère des Andes, l'obsède. Il semble qu'elle soit restée inviolée par les Espagnols qui ont préféré pourchasser Túpac Amaru à travers la jungle. Si tel est le cas, elle promet des découvertes archéologiques sans précédent qui permettraient de mieux comprendre une civilisation disparue. Peut-être même y trouverait-il le trésor qui fait l'objet de nombreuses rumeurs depuis des siècles. Tout reste à faire, et c'est à lui de s'y atteler.
Mais Hiram Bingham n'est ni archéologue ni spécialiste de la période inca. C'est un professeur d'histoire d'Amérique latine. Heureusement, sa réputation d'aventurier le précède à l'université de Yale. Petit-fils et

2. Dernier empereur de l'Empire inca indépendant, il est capturé par le conquistador Francisco Pizarro. Après le versement de la rançon exigée par les Espagnols, Atahualpa est malgré tout exécuté.
3. D'abord choisi par les Espagnols pour gouverner ce qui reste du peuple inca soumis, Manco Inca entreprend de se dresser contre l'envahisseur. Menant la lutte de Vilcabamba, il est assassiné par des hommes qui se font passer pour des ennemis des Espagnols.

fils de missionnaires ayant bravé les dangers d'Hawaï, Hiram Bingham, troisième du nom, a grandi à Honolulu où son père l'a initié dès son plus jeune âge à l'alpinisme. Dans son travail d'enseignant, l'ambiance feutrée des bibliothèques et la majesté des amphithéâtres lui plaît, toutefois sans le contenter. C'est pourquoi, en 1907, désirant écrire une étude sur Simón Bolívar[4], il a suivi une partie de l'itinéraire du « Libertador » depuis le Venezuela jusqu'à la Colombie. Pour mieux comprendre l'homme, Bingham a choisi d'endosser les vêtements du chef révolutionnaire et de revivre ses impressions à travers les Andes.

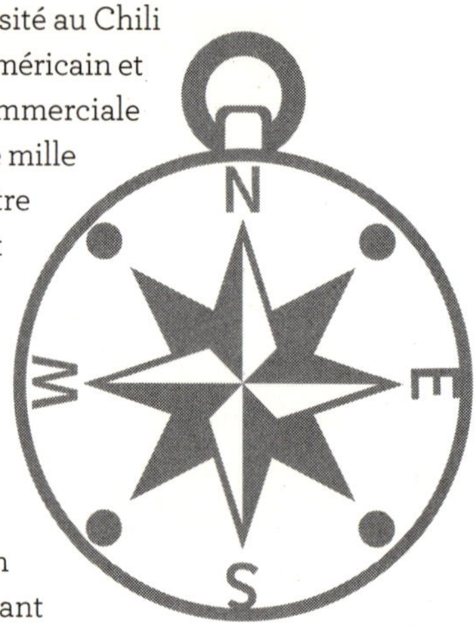

L'année suivante, il est envoyé par son université au Chili pour participer au Congrès scientifique panaméricain et en profite pour traverser l'ancienne route commerciale joignant Buenos Aires à Lima – plus de quatre mille kilomètres à dos de mulet –, mais sa rencontre avec le préfet de Cuzco l'a conduit jusqu'aux ruines de Choquequirao et lui a offert son premier contact avec la civilisation inca.

Son projet de retrouver les vestiges de Vilcabamba se concrétise en 1911. À l'occasion d'un repas d'anciens élèves, il prononce un discours dans lequel il évoque avec une fougue communicative ce qui occupe son esprit. Son allocution terminée, un participant lui propose de financer une partie de son expédition s'il emmène un topographe dans son voyage. Les mois suivants, d'autres amis offrent leur aide et la Yale Peruvian Expedition est bientôt sur pied. Constituée de six chercheurs et un assistant, financée par l'université de Yale et la National Geographic Society, elle a pour objectif la collecte de données géologiques et zoologiques et, bien sûr, la recherche de la dernière capitale des Incas.

La compagnie part de Cuzco début juillet 1911 pour s'enfoncer dans des lieux oubliés depuis près de quatre cents ans. Certes, des pionniers en quête de terres s'y implantent et des Indiens continuent d'y vivre, mais la région reste à découvrir d'un point de vue scientifique. Bingham dispose de peu d'indices pour le guider : les écrits du capitaine Baltazar de Ocampa, un chasseur ayant rencontré Titu Cusi Yupanqui,

4. Surnommé le « Libertador », le général Simón Bolívar a lutté pour l'émancipation des colonies espagnoles en Amérique du Sud.

le frère de Túpac Amaru, et ceux du père Calancha qui relatent la vaine tentative pour évangéliser les Indiens. Dans ses bagages, il emporte également une carte de 1865 établie par Raimondi, un des seuls géographes à avoir arpenté la « Vallée sacrée » de Vilcabamba. Ces maigres sources se contredisent souvent, mais le professeur aventurier a bon espoir de localiser et d'atteindre son objectif. Sa détermination fera office de boussole.

Traversant le canyon de l'Urubamba, « l'Éden de Yucay » ou « jardin des Incas », un lieu riche en odeurs et en couleurs avec ses jardins de roses et de lis, ses vergers de pommiers, de poiriers et de pêchers, ses plantations de fraisiers, Hiram Bingham aperçoit au loin, bien au-dessus de la ligne d'horizon, des pics encapuchonnés de glaces éternelles qui défient le ciel, et le défient lui aussi. Il psalmodie alors ces vers de Rudyard Kipling qu'il se répète depuis deux ans :

> « Quelque chose de caché. Va et trouve-le.
> Va et cherche derrière les montages.
> Quelque chose de perdu derrière les montagnes.
> Perdu, et qui t'attend. Va[5] ! »

24 juillet 1911.

Amaigri par les interminables journées de marche et les repas frugaux, son fédora[6] usé sur la tête, Bingham remonte le cours d'une rivière en suivant un sentier en surplomb. Derrière lui marche le sergent Carrasco ; devant lui, un Péruvien du nom de Melchor Arteaga.

Il a rencontré ce dernier la veille, quand l'expédition s'est arrêtée pour la nuit près de sa misérable hutte, un peu plus en aval. L'homme s'est approché du groupe et a parlé de ruines au sommet du Huayna Picchu, la montagne qui se dresse en face de leur campement. Personne n'a prêté attention à ses propos, sauf Bingham qui ne veut négliger aucune piste. D'autant que ce nom ne lui est pas tout à fait inconnu ; l'explorateur français Charles Wiener a lui aussi évoqué des vestiges perchés sur ce pic de 2 720 mètres d'altitude.

Le lendemain, promettant une récompense à son guide, il s'est donc mis en route sous une bruine froide, laissant ses compagnons derrière lui.

« Jawarikuy[7] ! »

---

5. Rudyard Kipling, *The Explorer*, 1898.
6. Chapeau de feutre à large bord.
7. « Attention » en langue quechua.

Melchor recule d'un bond, pointant du doigt l'ornière du sentier. Un serpent qui se confond presque avec l'humus et les feuilles semble les fixer de ses yeux noirs impénétrables. C'est un *Bothrox atrox,* plus simplement appelé fer de lance, une espèce extrêmement venimeuse et capable de bondir pour attaquer sa proie. Comme le chemin ne permettant pas de le contourner, il faut prendre le risque de passer tout près, en espérant qu'il dorme. Ou de le tuer.

Ils optent pour la seconde option. Bingham s'approche délicatement pour provoquer le moins de vibrations possible. À moins d'un mètre, l'aventurier abat vivement sa machette et le serpent a juste le temps d'esquisser un mouvement pour tenter de mordre la lame avant de mourir. La voie est libre.

Les trois hommes traversent d'épais fourrées jusqu'à la rivière. Entre deux gros blocs de granite se trouve un pont rudimentaire : quelques troncs liés ensemble par des lianes et dont le bois glissant promet une mort certaine à celui qui fera le moindre faux pas. Les rapides glaciales passent dessous en grondant.

Melchor et Carrasco franchissent le pont lentement, à plat ventre. Hiram, plus courageux, avance à quatre pattes, le ventre noué.

Puis ils escaladent une pente escarpée recouverte de végétation. Des troncs entaillés servent d'échelles de fortune mais parfois, en l'absence de prise, ils doivent s'agripper à la terre et aux pierres à s'en faire saigner les ongles. Grâce à Arteaga, ils évitent plusieurs serpents contre lesquels ils n'auraient eu aucun moyen de se défendre.

À six cents mètres au-dessus de la berge, ils atteignent un petit plateau occupé par des huttes. Des Indiens s'y sont réfugiés pour fuir les agents du gouvernement qui cherchent des « volontaires » ou collectent des impôts. Une volée de terrasses agricoles incas ont été récemment défrichées par les habitants et, après plusieurs siècles d'abandon, des légumes y poussent de nouveau. Bingham a l'impression de voir revivre une civilisation disparue. Mais le plus beau reste à venir.

Après une pause méritée parmi les autochtones, le professeur reprend la route, guidé cette fois par un enfant du village qui sait comment atteindre Machu Picchu et son pic, le Huayna Picchu.

Là-haut, suspendu entre la terre et le ciel, comme au sommet du monde, Hiram Bingham va de découverte en découverte. Enfouies sous une épaisse végétation, des ruines d'une facture incomparable ont survécu aux outrages du temps et aux conquêtes. Partout, l'explorateur trébuche sur les vestiges d'une cité inca oubliée : murs cyclopéens, autels sacrificiels, rangées d'habitations ou édifice rappelant le temple de Soleil de Cuzco. Est-ce la fameuse « université de l'idolâtrie » dont parle le père Calancha ? Dans ce cas, il se trouve bel et bien à Vilcabamba, la dernière demeure de Túpac Amaru ! Hélas, Bingham ne peut rester qu'une journée car il doit rejoindre ses compagnons, mais il se promet de revenir au plus vite pour exhumer ce trésor archéologique de la jungle.

Suspendu entre terre et ciel, comme au sommet du monde, Hiram Bingham va de découverte en découverte. Partout, l'explorateur trébuche sur les vestiges d'une cité inca oubliée. Est-ce la fameuse « université de l'idolâtrie » dont parle le père Calancha ?

En 1948, Hiram Bingham a relaté son expédition dans *La Fabuleuse Découverte de la cité perdue des Incas*. Une grande partie de son récit est consacrée à la découverte des ruines Machu Picchu, qu'il identifie comme celles de Vilcabamba, et aux fouilles qui ont suivi. Le reste de son voyage y est aussi relaté : la Yale Peruvian Expedition a exploré les vallées avoisinantes et a découvert d'autres vestiges, dont ceux de Vitcos, la dernière forteresse militaire des Incas. Aucun site n'était cependant aussi bien conservé que celui trouvé le 24 juillet 1911. Arrivés à Espirítu Pampa, des ruines en altitude exposées à un climat froid et humide, comme Choquequirao, les aventuriers ont rebroussé chemin, épuisés par deux mois de marche.
Très rapidement, le livre de Bingham devient un best-seller. Fait inhabituel pour un ouvrage d'archéologie riche en descriptions architecturales et techniques et en références historiques. C'est que le professeur de Yale a su faire de son exploration un récit d'aventure et une initiation à l'histoire péruvienne. Difficile d'imaginer Hiram Bingham sur les sentiers incas taillés dans le roc ou franchissant des précipices sans entendre une mélodie bien connue : celle qui accompagne les pérégrinations d'un héros hollywoodien.

George Lucas et Steven Spielberg n'ont jamais cité Hiram Bingham comme une source d'inspiration pour le personnage d'Indiana Jones, le chasseur de trésors dont les aventures cinématographiques se déclinent en quatre – bientôt cinq – volets[8]. Pourtant, les ressemblances entre les deux hommes sont frappantes. Physiquement d'abord. Tous deux sont blonds, élancés et athlétiques. Comme Indiana Jones, Bingham porte des chapeaux fédoras et des tenues beiges ; il ne lui manque que le fouet pour que l'attirail coïncide parfaitement. Et leur parcours est similaire : quand ils ne crapahutent dans des ruines, ils enseignent l'histoire dans une université de la côte Est. Le titre du premier film de la saga, *Les Aventuriers de l'Arche perdue*, semble faire écho à celui du livre de Bingham. Sans compter que la scène d'ouverture prend place dans la jungle péruvienne, sur les traces d'un trésor ayant appartenu à un peuple… soumis par les Incas.

> **« La faveur des esprits des défunts ne pesait guère au regard des récompenses promises. »**

Qu'ils se soient directement inspirés d'Hiram ou non, Lucas et Spielberg ont puisé dans la figure de l'aventurier chercheur, plus intéressé par les découvertes et l'avancement des connaissances historiques que par sa carrière. Une figure entrée dans l'imaginaire collectif au cours du XIXe siècle avec les nombreuses expéditions scientifiques entreprises par les pays occidentaux et la naissance de l'archéologie comme discipline. Une figure qu'Hiram Bingham semble incarner à la perfection.

Dès 1912, Bingham mène, sous les auspices de la National Geographic Society et avec l'aide du gouverneur de Cuzco, des fouilles archéologiques au Machu Picchu. Si les ruines n'opposent aux chercheurs aucune statue tirant des flèches ni gigantesque boule de pierre, la nature se charge de rendre la tâche périlleuse. Il faut d'abord ménager une voie d'accès pour acheminer les outils et évacuer les spécimens archéologiques, ce que ne permettent pas le pont de fortune et le sentier incliné que Bingham a empruntés lors de sa première visite. Des Indiens recrutés pour l'occasion – non sans réticence d'ailleurs – s'en chargent, taillant une route dans la pierre et jetant un pont long

8. Le cinquième volet est annoncé pour l'été 2021.

de vingt-cinq mètres au-dessus des rapides de l'Urubamba. La sylve ayant régné sans partage dans la cité perdue durant plusieurs siècles, Bingham et ses compagnons doivent abattre des milliers d'arbres, parfois gigantesques, et dégager les ruines de l'épaisse végétation, en prenant garde aux serpents – heureusement, Bingham n'a pas la phobie des reptiles, contrairement à Indiana Jones. Dans la jungle, tout repousse tellement vite qu'ils doivent défricher plusieurs fois les mêmes endroits.

Les fouilles commencent après plusieurs semaines et sont, au départ, peu satisfaisantes : creusant autour de plusieurs temples, Bingham n'exhume que des tessons de poteries. Aucune pièce complète n'est trouvée. Pour remédier à la mauvaise volonté des travailleurs indiens, il promet un *sol* pour chaque grotte funéraire repérée. « La faveur des esprits des défunts ne pesait guère au regard des récompenses promises » écrit-il dans son livre. En effet, les Indiens dénichent plus de cent cavités funéraires qu'Hiram explore l'une après l'autre.

Les fouilles finissent par donner des résultats encourageants. Le peuple inca enterrait ses morts avec leurs effets personnels et les tombes dévoilent aux archéologues des milliers d'objets bien conservés, témoignages muets d'un mode de vie à jamais disparu : épingles de châle, poignards, haches, miroirs concaves, jarres, plats, assiettes, pichets, *quipus*[9], colliers, étranges galets taillés en cercle et en triangle… Les matériaux de ces artefacts sont variés : bois, céramique, bronze – et argent pour quelques-uns. Mais pas la moindre trace d'or. L'ancienne cité inca ne cachait-elle donc aucun trésor ? À moins qu'il ait été pillé par des chasseurs au cours des siècles précédents. Qu'importe… Si toutes ces pièces ont peu de valeur intrinsèque, elles comptent beaucoup au regard de la science et de l'histoire.

« Sa place est dans un musée », dit le héros hollywoodien dans *Indiana Jones et la dernière croisade*, quand un archéologue sans scrupule essaie de s'approprier un objet précieux. Certes, mais dans quel musée ? Les contro-

9. Un *quipu* est un objet qui permettait au peuple inca de recenser des données statistiques. Il consistait une cordelette sur laquelle se succédaient des nœuds figurant des chiffres.

verses n'ont pas tardé à entacher la démarche d'Hiram Bingham, jusqu'après sa mort.

De son vivant, Bingham a été accusé à plusieurs reprises d'avoir pillé le site du Machu Picchu et spolier ainsi le Pérou. Certains l'ont calomnié en prétendant qu'il avait dérobé une cargaison d'objets en or et d'objets d'art. Il n'a pourtant jamais caché la destination des spécimens déterrés lors de la première fouille de 1912-1913 : l'université de Yale. Et ce, avec le consentement du gouvernement péruvien, soucieux d'éviter le pillage des sites archéologiques. Mais ce transfert était assorti d'une condition : si les artefacts incas pouvaient être envoyés à l'étranger pour être étudiés, le Pérou conservait le droit de les récupérer quand il le demanderait. Les objets exhumés durant la fouille de 1914-1915 ont été restitués, mais ceux de la première campagne sont restés au musée Peabody de Yale, malgré les demandes réitérées du Pérou après 1950. Hiram Bingham est mort depuis longtemps quand l'affaire est relancée et il devient alors l'incarnation de l'impérialisme américain, dont la critique virulente atteint désormais le monde de la recherche scientifique. Au début des années 2000, le gouvernement péruvien réclame de plus en plus souvent le retour des pièces avant de porter plainte en 2008 devant le tribunal fédéral américain. Le musée répond que le Pérou a perdu ses droits sur les pièces détenues par l'établissement. Le litige se termine finalement pour le mieux en 2010, quand le président de l'université de Yale négocie un accord avec le Pérou : les objets sont renvoyés à Cuzco, mais la prestigieuse faculté garde le droit de les emprunter pour ses travaux de recherches et des expositions. Une autre accusation pèse aussi sur Hiram Bingham qui le poursuit jusque dans sa postérité. Moins grave d'un point de vue diplomatique, elle l'est sur le plan éthique, car elle met en doute sa probité. Bingham aurait seulement redécouvert la cité perdue du Machu Picchu et aurait essayé de s'attribuer les louanges de l'exploit. Un certain Lizárraga, habitant Cuzco, avait déjà visité l'endroit et signé son passage sur

Comme Christophe Colomb qui est mort convaincu d'avoir trouvé une nouvelle route maritime pour le continent asiatique, Hiram Bingham s'est persuadé que le Machu Picchu ne faisait qu'un avec Vilcabamba.

des pierres. Auparavant encore, plusieurs voyageurs avaient évoqué les ruines du Macchu Picchu et le lieu apparaissait sur de nombreux registres notariaux. Des sources qu'il est difficile de faire semblant d'ignorer. Hiram Bingham ne ressemblerait-il pas plutôt à René Émile Belloq, cet archéologue ennemi d'Indiana Jones dans le premier film de la saga, homme dépourvu de principes qui essaie de s'approprier de manière déloyale les trouvailles des autres ?

Comme toujours, la réalité est plus complexe. Hiram Bingham n'a jamais caché qu'il connaissait l'existence de ruines au pied du Huayna Picchu. Dans son livre, il cite d'ailleurs les allusions de Charles Wiener à ces vestiges et déplore également le passage de Lizarraga, qu'il soupçonne d'avoir dérobé des objets incas pour les vendre. Il reconnaît avoir effacé, en 1913, des inscriptions sur des murs pour leur redonner leur aspect initial. « Certains cherchent à savoir qui a découvert le Macchu Picchu, mais c'est anecdotique », explique Yazmin Lopez Lenci, spécialiste en études andines[10]. Au cours des quatre siècles qui ont suivi la chute de l'empire inca, les ruines ont forcément été visitées par des Indiens fidèles à leurs terres, par des voyageurs et autres chasseurs de trésors. Cependant, Hiram Bingham a joué un rôle essentiel dans les fouilles et la mise en valeur du site. S'il n'a pas découvert le Macchu Picchu, il l'a fait découvrir au monde entier et l'a rendu digne d'intérêt.

La faute de Bingham est ailleurs. Car les ruines du Machu Picchu ne sont pas celles de la dernière cité des Incas.

Dans son obsession à vouloir retrouver Vilcabamba, l'aventurier s'est avant tout menti à lui-même. Comme Christophe Colomb qui s'était évertué à voir dans la flore du Nouveau Monde celle des Indes et qui est mort convaincu d'avoir trouvé une nouvelle route maritime pour le continent asiatique, Hiram Bingham s'est persuadé que le Machu Picchu ne faisait qu'un avec Vilcabamba et avec Tampu tocco, la cité semi-légendaire qui a vu naître Manco Cápac, le père de la dynastie inca.

En 1964, huit ans après la mort d'Hiram Bingham, l'explorateur Gene Savoy identifie à Espirítu Pampa les ruines de Vilcabamba. Précisément

10. « L'invention du Machu Picchu », *Le Monde*, 1er juillet 2010.

à l'endroit où le professeur de la Yale University et les membres de son expédition ont rebroussé chemin en 1911. Aveuglé par la beauté du Machu Picchu, Bingham n'a vu dans ce site qu'un modeste village de montagne au climat inhospitalier.
Le site du Machu Picchu est considéré comme une des merveilles du monde et des centaines de milliers de visiteurs s'y rendent chaque année. De nombreux mystères planent encore sur sa fonction originelle, mais il pourrait n'avoir été qu'un ensemble militaire et religieux parmi tant d'autres, magnifiquement conservé grâce à sa localisation inexpugnable. Seul un cinquième des ruines aurait été exploré à ce jour.

QUANT À LA CITÉ DE TAMPU TOCCO, SI SON EXISTENCE EST BIEN RÉELLE, ELLE ATTEND TOUJOURS QUE DE COURAGEUX AVENTURIERS LA DÉCOUVRENT ET S'EMPARENT DE SES TRÉSORS.

LE MAFIEUX

le dernier PARRAIN

Le dernier parrain

Le 18 août 1956, trois mille personnes sont réunies dans la salle de réception du luxueux hôtel Astor de New York, pour célébrer le mariage de Salvatore « Bill » Bonanno et de Rosalie Profaci.

La soirée est déjà avancée et l'on s'apprête à découper une gigantesque pièce montée de six étages au milieu des vivats et des applaudissements.

Parmi les convives se trouvent Tommy Lucchese, Frank Costello, Albert Anastasia, Sam Giancana et encore bien d'autres individus portant des noms aux sonorités italiennes que les Américains ont l'habitude de voir imprimés dans les journaux à côté de mots comme « racket », « trafic » ou « assassinat ». Des hommes politiques et quelques vedettes ont fait le déplacement pour se mêler à cette foule douteuse. Discrètement, cela va sans dire.

Si tous les invités défilent pour présenter leurs félicitations à Bill et glisser une enveloppe de billets dans l'urne – la somme ainsi récoltée atteindra cent mille dollars –, aucun n'oublie d'aller présenter ses respects au père du marié, Joseph Bonanno, chef du clan mafieux qui porte son nom.

Dans un élégant costume blanc, Joe se promène entre les tables et fait l'accolade à de vieux camarades, s'arrêtant pour parler boutique – entre autres d'une ferme laitière et des gains de loteries clandestines. Parfois, il écoute d'une oreille attentive des solliciteurs qui profitent du joyeux événement pour demander au parrain un petit service. Lui n'exige rien en échange, si ce n'est l'amitié des quémandeurs et que ces derniers ne l'oublient pas le jour où il viendra toquer à leur porte pour leur demander un coup de main.

Le patriarche finit par s'esquiver et s'approche de son fils. Il l'enlace. Il est fier de Bill. Bien que celui-ci ait grandi loin des « affaires », depuis son affranchissement deux ans plus tôt, il se révèle consciencieux et doté de bonnes intuitions. À la dernière Commission, il a su observer et a tiré les mêmes conclusions que son père : le Milieu a changé, les anciens seront bientôt supplantés par des jeunes loups aux dents longues désirant se mêler au trafic de drogue, alors que la Commission s'y est opposée en 1946. Et puis... certains parrains nourrissent des ambitions belliqueuses.

D'où l'intérêt de son mariage avec Rosalie pour renforcer les liens qui unissent les familles Bonanno et Profaci. Bien sûr, Bill aime sa femme mais il ne perd pas de vue qu'un clan isolé est vulnérable.

Son mariage doit symboliser l'unité et la paix du Milieu. Mais c'est une paix fragile, qui ne va pas tarder à voler en éclats.

Même si la Mafia est née sur une île où règne un grand soleil, ses origines demeurent obscures. Son existence est attestée dès la seconde moitié du XIXe siècle dans la partie occidentale de la Sicile ; en 1864, une étude fait déjà référence à « une secte de voleurs qui a tissé des liens dans toute l'île ». C'est dans le chaos de l'unification italienne[1] qu'elle serait apparue, d'abord à l'intérieur des terres, puis à Palerme, où le commerce florissant de citrons s'est révélé propice à son développement. En contrôlant la chaîne d'approvisionnement grâce aux menaces et aux pots-de-vin, les *mafiosi* prélevaient auprès des exploitants une dîme de « protection », appelée *pizzo*. Cette méthode s'est propagée ensuite dans de nombreux secteurs économiques de la Sicile.

Obscure est aussi l'origine du mot « mafia ». Selon certaines sources, ce terme serait l'acronyme de *Morte Alla Francia Italia Anella* – « L'Italie souhaite la mort à tous les Français » –, phrase scandée par le peuple sicilien lors d'un soulèvement contre le royaume de France le 31 mars 1282. D'autres soutiennent que, ce même jour, une mère dont la fille avait été violée par un Français aurait répété en pleurant « *Ma fia !* » (« Ma fille ! »), lamentation à l'origine du soulèvement. Il est en réalité plus probable que le mot vienne de l'adjectif *mafioso* qui, en dialecte

1. L'unification italienne, ou *Risorgimento,* est une période de guerres et de bouleversements politiques s'étendant de 1848 à 1870, durant laquelle l'Italie est passée de territoire divisé en plusieurs royaumes à un pays unifié.

palermitain, signifie « beau, hardi, sûr de soi », car c'est ainsi que devaient être perçus alors ces hommes sans scrupule. Les *mafiosi,* pour leur part, préfèrent désigner leur organisation par les mots *Cosa Nostra,* « notre chose ».

Entre 1901 et 1913, plus d'un million de Siciliens émigrent, dont huit cent mille rien qu'aux États-Unis. Parmi eux, de nombreux hors-la-loi fuient les autorités italiennes ou ambitionnent d'« exporter » leurs procédés mafieux à l'étranger. Extorsion, faux monnayage et paris clandestins se mettent à prospérer dans les quartiers italiens des villes américaines mais c'est la prohibition qui permet l'émergence d'une Mafia italo-américaine organisée qui supplante les gangs irlandais et juifs régnant jusque-là sur la pègre. En 1920, le gouvernement américain inscrit en effet dans la Constitution l'interdiction de produire, d'importer et de consommer de l'alcool, espérant ainsi donner naissance à une société plus vertueuse. Mais c'est le contraire qui se produit, avec l'explosion du trafic d'alcool de contrebande et la spirale de criminalité et de répression qu'engendre la Prohibition. Si Al Capone règne en maître à Chicago, plusieurs gangs se disputent le marché de New York, les deux plus puissants étant ceux de Giuseppe Masseria et de Salvatore Maranzano.

En 1927, Joseph Bonanno est membre du clan Maranzano dont la majorité des affidés viennent de Castellammare del Golfo. C'est d'ailleurs là qu'il est né, en 1905, avant que ses parents émigrent aux États-Unis. Il y revient en 1911 avec son père, quand ce dernier, *mafioso,* est rappelé par sa famille en butte avec un clan rival. Après la mort de ses parents, Joe étudie à Palerme et rejoint un mouvement antifasciste quand Mussolini prend le pouvoir, en 1922, moins par conviction idéologique que pour s'opposer à la volonté du dictateur d'éliminer la Mafia sicilienne. Risquant d'être arrêté, voire exécuté, Bonanno retourne à New York. Mais il ne peut se résoudre à apprendre l'honnête métier de barbier qu'exerce l'oncle chez qui il loge et commence à travailler pour Salvatore Maranzano. Ambitieux et audacieux, il étend la loterie italienne en dehors des frontières de Brooklyn et fait crédit aux établissements victimes de descentes de police pour s'assurer leur

fidélité – et pour qu'ils lui versent un *pizzo*. En s'entourant d'hommes de la trempe de Bonanno, Maranzano peut ainsi élargir sa sphère d'influence, ce qui inquiète Giuseppe Masseria.
Ce que l'on a appelé la guerre des Castellammarese finit par éclater – certains des grands noms de la pègre du XXe siècle vont d'ailleurs faire leurs armes durant ce conflit. Masseria engage les hostilités en faisant exécuter un homme de Maranzano et en détruisant ses camions d'alcool de contrebande. Les fusillades deviennent fréquentes ; à Brooklyn comme à Manhattan, les *mafiosi* se tendent des guets-apens et se mitraillent au milieu des passants. Il y a des morts dans les deux camps, mais Masseria finit par perdre l'avantage. Un de ses chefs, Charles Luciano dit Lucky Luciano, s'allie avec son ennemi pour arrêter le carnage. Le 15 avril 1931, Masseria est criblé de balles dans un restaurant. Au cours d'une réunion avec ses alliés et ses anciens adversaires, Maranzano, fier de sa victoire, s'autoproclame *capo di tutti capi*, « patron de tous les patrons ». Au grand dam de Luciano, qui s'arrange pour le faire exécuter lui aussi. Cinq familles new-yorkaises – Gagliano, Mangano, Bonanno, Luciano et Profaci – émergent de cette guerre et se partagent le territoire. Pour éviter un autre conflit aussi meurtrier, elles décident de fonder la Commission, une assemblée collégiale chargée de désamorcer les tensions entre les gangs, ce que cette dernière parviendra à faire pendant une vingtaine d'années.

À Brooklyn comme à Manhattan, les mafiosi se tendent des guets-apens et se mitraillent au milieu des passants. Il y a des morts dans les deux camps.

En nome della nostra costituzione, il tornu attacadu[2]. C'est par cette formule occulte que commence chacune des réunions de la Commission. Tous les cinq ans, les parrains des différentes familles – variant de cinq à neuf selon la présence éventuelle de parrains d'autres villes – se réunissent dans un lieu secret pour discuter du cours des affaires mafieuses. Après la première de 1931, qui entérine le nouvel équilibre entre les clans, celle de 1936 bannit tout recours à la violence contre des hommes politiques ou des magistrats, alors même que Luciano désire en finir avec un procureur zélé qui cherche à l'envoyer derrière

2. « Au nom de notre constitution, le cercle est fermé. »

les barreaux. En 1941, la Commission choisit un parrain pour succéder à Luciano, désormais en prison, puis discute des questions relatives au conflit mondial qui se déroule alors – avec les restrictions et le marché noir, les affaires prospèrent. En 1946, l'apparition du commerce de l'héroïne à New York est au centre des débats. Certains membres des différents clans aimeraient investir dans cette source de revenus prometteuse, mais les parrains s'y opposent. Se mêler au trafic de stupéfiants, c'est s'aliéner autant les soutiens politiques que l'opinion publique.

Les choses commencent à se gâter dès 1951. Albert Anastasia, *mafioso* redoutable et insatiable, *sotto capo* (sous-chef) de la famille Mangano, élimine son parrain pour prendre sa place. Pour préserver la paix, les autres clans intronisent Anastasia et décrètent que « les affaires de famille dont les conséquences ne portent pas gravement préjudice aux autres familles ne sont pas du ressort de la Commission ». La Commission doit se réunir deux ans plus tard en urgence, trois parrains s'accusant mutuellement de conspiration. Joseph Bonanno, alors au sommet de sa puissance et qui préside la session, parvient à empêcher la guerre ouverte en ramenant les partis à la raison, mais il ne se fait aucune illusion : il ne pourra pas contenir indéfiniment les règlements de compte.

L'année qui suit le mariage de Bill Bonanno est une période tourmentée pour la Mafia. Le 2 mai 1957, Frank Costello, à la tête du clan Luciano, échappe de peu à la mort dans le hall de son immeuble ; le commanditaire de ce crime n'est autre que son second. Costello décide de se retirer au profit de ce dernier pour garder la vie sauve. Le 17 juin, le *sotto capo* d'Anastasia est tué en pleine rue alors qu'il achète des fruits chez un primeur. Des querelles intestines secouent également la famille Profaci, plusieurs membres accusant le parrain de ne pas partager équitablement les gains. Le 25 octobre, Anastasia est confortablement installé sur un siège chez le barbier, une serviette autour du cou, quand des hommes surgissent et le transforment en passoire sanguinolente. Enfin, le 14 novembre, alors que toute la Mafia américaine s'est réunie à Apalachin pour discuter de l'hécatombe en cours, la police organise son plus gros coup de filet, prouvant ainsi

l'existence de liens entre tous ces criminels et inaugurant une série de procès.
Bonanno père, jusqu'alors épargné par les enquêtes sénatoriales sur le crime organisé, était présent à Apalachin et se trouve donc sous le feu des projecteurs. Les aveux d'un *mafioso* arrêté par le FBI, le premier à enfreindre la loi du silence (*omerta*), dénonce le rôle de parrain joué par Bonanno, ce qui n'arrange rien. Après avoir vu les quatre autres familles new-yorkaises s'entre-tuer et se déchirer dans des luttes intestines, le clan Bonanno ne va pas tarder lui aussi à connaîtrex la guerre.

> **Après avoir vu les familles new-yorkaises s'entre-tuer et se déchirer dans des luttes intestines, le clan Bonanno ne va pas tarder à connaître lui aussi la guerre.**

Fidèle à la réputation de chauffard qu'on prête aux conducteurs de taxi new-yorkais, le pilote freine brutalement devant l'immeuble du 35 Park Avenue, éclaboussant le trottoir. Il pleut des trombes, et William Maloney sort le premier de la voiture, tête baissée, pour s'abriter sous la marquise. Joseph Bonanno, moins soucieux de se faire mouiller, quitte le véhicule tranquillement pour rejoindre son avocat. La comparution du mafieux devant le grand jury fédéral a lieu le lendemain et les soirées en tête à tête pour préparer sa défense sont devenues une habitude.
À peine le parrain a-t-il le temps de faire quelques pas qu'il se retrouve bloqué par deux hommes bâtis comme des armoires, tout de noirs vêtus, chapeaux vissés sur le crâne, pardessus gonflés par un revolver. Bonanno les connaît ; il s'agit du frère et du fils de Stefano Magaddino, chef de la famille de Buffalo. Ils le saisissent chacun par un bras et le poussent vers une voiture beige stationnée plus loin, prête à démarrer.
« Rapplique, Joe. Mon patron veut te voir », dit l'un d'eux.
Le voir seulement ? Le parrain de Brooklyn en doute. Il garde le silence et tente d'échapper à la prise de ses assaillants. Rien à faire. Sous la pluie battante, on ne distingue rien et les noctambules, emmitouflés, marchant contre le vent sous leurs parapluies, ne se doutent pas de ce qui est en train de se passer.
Enfin, le bruit d'une course lui parvient et la voix de Maloney retentit :
« Hey, bon sang ! Qu'est-ce qui se passe ? »

Lâchant une seconde le bras de Bonanno pour pouvoir s'emparer de son arme, un des nervis fait volte-face. Il jette un regard féroce à l'avocat : « Écrase et taille-toi ! » lance-t-il d'un ton qui ne souffre pas de la contradiction.

Maloney court se réfugier dans l'immeuble sans demander son reste. Il est payé pour tenir tête au procureur, pas pour affronter des hommes armés.

Déformation professionnelle oblige, Maloney pense que les menaces de poursuite judiciaire peuvent avoir un effet dissuasif et ordonne aux truands de laisser son client. Inconscient du danger, il s'avance vers eux.

Un coup de feu retentit dans la nuit, illuminant un fragment de seconde les gouttes de pluie suspendues dans l'air. La balle frappe le bitume aux pieds de Maloney, qui court se réfugier dans le vestibule de l'immeuble sans demander son reste. Il est payé pour tenir tête au procureur, pas pour affronter des hommes armés.

Un portier rejoint l'avocat essoufflé et terrorisé. La police ne tarde pas à arriver, sirènes hurlantes, mais comme souvent dans ce genre de cas, il n'y a aucun témoin. Le lendemain, les journaux s'interrogent : a-t-on enlevé Joe Bonanno pour lui forcer la main sur certaines affaires du Milieu ? Tient-il déjà compagnie aux poissons au fond de l'Hudson ? Un journaliste avance l'hypothèse que le parrain aurait mis en scène son rapt pour échapper à ses ennemis et à la convocation devant le grand jury. Quoi qu'il en soit, les journaux savent que le vent tourne pour Joe Bonanno – qu'ils surnomment « Joe Banana » – aux prises avec son « cousin » de Buffalo. On se demande également où peut bien se trouver son fils.

Quand il apprend l'enlèvement de son père, Bill Bonanno est « au matelas[3] » depuis quelques semaines déjà. Les téléphones de sa maison sont sur écoute et Bill ne peut même pas contacter sa femme. Coupé de sa famille, condamné à passer les fêtes de fin d'année seul, il a toute l'occasion de réfléchir à ce qui l'a conduit dans cette impasse.

---

3. De l'anglais *go to the mattresses*. Dans le langage mafieux, cette expression désigne le fait de se cacher dans un endroit secret pour échapper tout autant à la justice qu'à ses ennemis et de n'en sortir que pour mener à bien diverses opérations.

Né en 1932, cadet de la famille, Bill a presque grandi comme un Américain normal. Son père l'a éloigné de la pègre new-yorkaise en l'envoyant faire sa scolarité à Tucson, en Arizona, où personne ne connaissait le nom de Bonanno. Il a donc fréquenté des gens bien sous tous rapports et a même travaillé dans une sandwicherie pour gagner de l'argent de poche. Usant de sous-entendus, son père lui a progressivement dévoilé la vraie nature de ses activités, sans jamais manquer de préciser que la Mafia sert de bouc émissaire aux péchés des hommes et de la société. Commençant par aller chercher des « collègues » de Joe à l'aéroport, Bill a fini par s'impliquer dans les affaires Bonanno, notamment pour aider son père quand il a dû fuir les autorités qui commençaient à s'intéresser au crime organisé.

En 1954, Bill a été « affranchi » au cours d'une cérémonie rituelle ; face à une table sur laquelle étaient posés un revolver et un poignard, il a versé deux gouttes de sang sur l'image d'un saint que l'on a ensuite brûlé entre ses mains. Cela a été comme une seconde naissance. Il est resté simple « soldat » jusqu'en 1959, chargé de diverses missions allant de la collecte de *pizzi* à l'assassinat, avant de devenir chef de groupe (*capodecina*). En 1964, enfin, il a été élu *consigliere* : deuxième dans la hiérarchie du clan, il devait jouer les intermédiaires entre le parrain et les autres membres. C'est d'ailleurs cette promotion qui a aggravé les problèmes de la famille.

Cette nomination a outré Gaspar di Gregorio, fidèle de la première heure de Joseph Bonanno, qui a alors décidé de prendre ses distances. Magaddino, qui suspectait son cousin de chercher à empiéter sur son territoire et de vouloir éliminer les autres chefs de clans pour devenir *capo di tutti capi*, a encouragé le rebelle à faire scission. Le chef de Buffalo a donc reconnu Gaspar di Gregorio comme parrain de la famille Bonanno et pesé sur la Commission pour que les autres fassent de même. La tension est montée, des soldats ont déserté, il y a eu des disputes et des bagarres, mais pas encore d'affrontement armé. Avec l'enlèvement et la possible mort de Joseph, il revient au *consigliere*, c'est-à-dire à

Bill, d'empêcher la famille de partir à vau-l'eau. Chose d'autant plus difficile que les autorités le traquent pour lui faire parvenir une citation à comparaître au tribunal !

28 janvier 1966.
Caractéristiques de Brooklyn, les petites maisons qui bordent Troutman Street sont dotées d'un entresol. Il faut grimper quelques marches pour accéder au perron et une grille les sépare du trottoir afin d'éviter que les promeneurs tombent dans l'espace en contrebas.
Quatre silhouettes sortent d'une habitation et s'aventurent dans la nuit froide en jetant des regards suspicieux dans toutes les directions. Gaspar di Gregorio ne s'est pas présenté au rendez-vous. Certes, un de ses sbires a appelé pour l'excuser et fixer une autre date. Mais quelque chose cloche. Désire-t-il vraiment arranger les choses ?
« Bill, Bill, fais gaffe ! » crie un homme. De l'autre côté de la chaussée, un morceau de métal entre les barreaux d'une grille accroche la lumière d'un réverbère. Le canon d'une arme.

De l'autre côté de la chaussée, un morceau de métal entre les barreaux d'une grille accroche la lumière d'un réverbère. Le canon d'une arme.

Plaqué au sol par un de ses gardes, Bill entend le crépitement d'une mitraillette en action. Les maisons voisines sont criblées de balles. Bill et ses hommes répliquent avant de se mettre à couvert derrière une voiture. Des ombres cachées dans un entresol de l'autre côté de la rue s'agitent. Tous respirent dans le revers de leur pardessus pour que la buée de leur haleine ne les trahisse pas. Des fenêtres s'éclairent, les détonations ayant inquiété les riverains. Après plusieurs minutes de silence, Bill devine que les tireurs ont quitté les lieux et il fuit avec son escorte.
La réponse à sa question est désormais évidente : Gaspar di Gregorio désire la guerre. Il l'aura.
Ainsi commence la Banana War[4], comme l'ont surnommée les tabloïds new-yorkais. Brooklyn se transforme en champ de bataille. Les quelque quatre cents hommes de la famille Bonanno sont sur le qui-vive au moindre déplacement, se suspectant même mutuellement d'avoir pu passer le camp adverse. Après dix-neuf mois d'absence, Joseph refait surface de manière spectaculaire, en pleine audition du grand

4. Ou « Guerre des bananes », du surnom de Joe Banana donné à Joseph Bonanno.

jury, mais sans rien révéler sur sa disparition. Ce retour se fait juste à temps pour lui permettre de reprendre le contrôle des opérations avec son fils. La maison familiale, éclairée toutes les nuits par des projecteurs, est remplie d'hommes en armes qui se relayent pour veiller sur ses occupants. Des « soldats » quittent à la tombée du jour des appartements exigus qu'ils rejoignent plus tard, couverts d'un autre sang que le leur. Le point culminant de la guerre est atteint le 10 novembre 1967. Une vingtaine de clients dînent paisiblement au *Cypress Garden*, un restaurant du Queens. Un type louche en imperméable noir se glisse entre les tables. Trois hommes bondissent de leurs chaises. Trop tard pour eux. L'individu sort une mitraillette et tire une rafale de balles qui les fauche. Ils avaient tout trois ralliés la faction di Gregorio, ils en ont payé le prix fort.

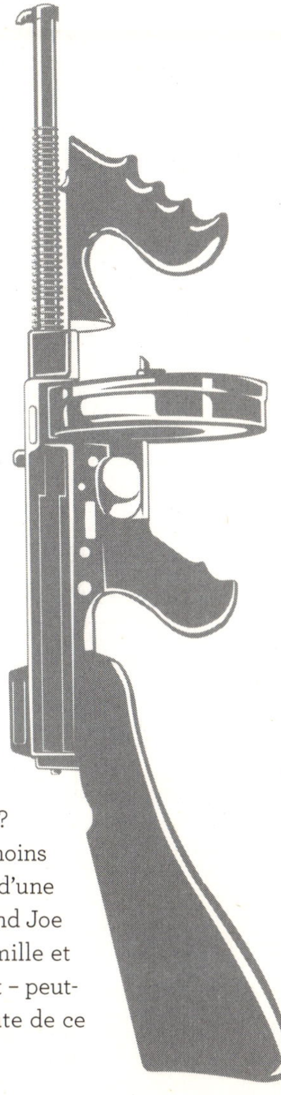

Le clan Bonanno également connaît de nombreuses pertes, dont un lieutenant et ami de Bill. Surtout, il faut financer cette guerre. Les « soldats », occupés à la vendetta ou recherchés par les autorités, ne peuvent plus s'occuper des tâches rémunératrices : racket, loterie, paris illégaux. Payer des refuges, louer des voitures, graisser la patte des fonctionnaires de police, payer pour le bien-être des *mafiosi* incarcérés, tout cela coûte cher. La famille perd en effectifs et en revenus, donc en puissance et en prestige. Les Bonanno sont dans une impasse et ne peuvent plus compter que sur eux-mêmes, car la famille Profaci, devenue Colombo après la mort de son parrain, a rallié di Gregorio. La Commission semble décidée à en finir avec Joe et son fils.

Il ne reste plus qu'une chose à faire.

Assassiner les quatre autres parrains new-yorkais ? Cela peut se voir dans un film, mais c'est nettement moins probable dans la réalité. La guerre va se terminer d'une manière finalement peu spectaculaire en 1968, quand Joe et Bill Bonanno se retirent à Tucson avec leur famille et leurs plus fidèles alliés pour calmer les hostilités et – peut-être – préparer leur succession. En 1969, Bill profite de ce repos mérité pour lire un roman sur la Mafia qui vient de paraître : *Le Parrain*, de Mario Puzo, qui sera adapté trois ans plus tard au cinéma par Francis Ford Coppola en une trilogie mémorable.

Né en 1920 dans le quartier de Hell's Kitchen au sein d'une famille d'immigrants italiens originaires de la province d'Avellino, près de Naples, Mario Puzo passe son enfance à New York. « Reste à la maison, il n'y a que de mauvaises choses qui puissent t'arriver dehors », ne cesse de lui répéter sa mère. Mais Mario, curieux de nature, passe beaucoup de temps à l'extérieur. Il grandit durant l'âge d'or de la Mafia qui tire profit de la prohibition et a l'habitude d'observer les hommes aux pardessus et chapeau noir qui viennent récolter les *pizzi*. Diplômé de l'université de Columbia, il devient pigiste pour la presse à sensation et collabore régulièrement à des *pulp magazines*[5]. En 1965, il a publié deux livres – dont un salué par la critique –, mais subvient difficilement aux besoins de sa famille. L'éditeur Putnam lui accorde une avance de cinq mille dollars pour qu'il écrive une histoire de la Mafia. Il n'a qu'à fouiller dans ses souvenirs d'enfance ou ouvrir le *New York Times* du jour pour trouver l'inspiration, la Banana War faisant alors rage. Dès sa sortie, *Le Parrain* devient un best-seller.

Il n'est pas difficile de discerner les sources d'inspiration de Puzo pour l'intrigue et les personnages : Don Vito Corleone est un mélange des parrains des cinq familles mafieuses new-yorkaises, tandis que l'alliance des Bonanno père et fils pour lutter contre les clans rivaux lui suggère le fait que Michael Corleone prenne la succession de son père – chose qui ne s'est jamais produite dans la Mafia. Le chanteur Al Martino, qui endosse le rôle de Johnny Fontane, figure dans le film grâce à sa ressemblance avec Frank Sinatra, connu pour ses liens avec le Milieu ; Moe Greene est calqué sur Bugsy Siegel, criminel par trop avide dont la Commission a voté l'exécution. Quant à Vito Corleone, il échappe de peu à la mort alors qu'il achète des fruits, une chance que n'aura pas eue le *sotto capo* Anastasia, victime d'une attaque dans les mêmes conditions mais qui n'en a pas réchappé. Et la ruse employée par Michael Corleone pour éliminer McCluskey et Sollozo offre un

---

5. Magazines publiant de la littérature populaire, tous genres confondus : polar, fantastique, épouvante, westerns, romance, etc. Ils doivent leur nom à la qualité très médiocre du papier sur lequel ils étaient imprimés, obtenu à partir de copeaux de bois réduits en pâte, ou *wood pulp*. Mais ces magazines se reconnaissaient à leurs couvertures très colorées.

air de parenté avec celle utilisée par Lucky Luciano pour organiser l'exécution de Giuseppe Masseria.
« Impossible, répond un repenti à un journaliste du *New York Times* quand celui-ci lui dit que Mario Puzo a écrit *Le Parrain* et le scénario du film sans les conseils d'un expert ou d'un quelconque *mafioso*. Quelqu'un l'a forcément aidé. Parce qu'il savait pour notre vie de tous les jours, quand il ne se passait rien. Il connaissait l'atmosphère, la façon dont on parlait. » Pourtant, dans une rare interview accordée par Mario Puzo à CNN en 1996, ce dernier répète n'avoir jamais eu aucun lien avec la Mafia, contrairement à ce que les gens semblent encore penser. *Le Parrain*, plus particulièrement le film, « n'a pas sali notre image, confie encore le repenti. Il a donné l'impression que notre vie avait quelque chose d'honorable ». Difficile de donner tort à cet ancien *mafioso* qui a toutefois tué, de son propre aveu, dix-neuf personnes.

Usure, proxénétisme, vente d'armes, trafic de drogue, faux monnayage, il n'y a pas un seul champ de la criminalité que la Mafia ait négligé. On la surnomme d'ailleurs « la Pieuvre ».

La saga de Coppola comme le cinéma de Martin Scorsese et d'autres réalisateurs passionnés par la pègre ont donné aux *mafiosi*, particulièrement italo-américains, l'apparence d'hommes sinon respectables, du moins dotés d'une morale et guidés par un code de l'honneur. La représentation de la Mafia dans l'industrie du divertissement lui confère une aura fascinante qui fait malheureusement oublier ce sur quoi ce monde est bâti : le crime et l'exploitation des innocents. Pour gagner de l'argent, les *mafiosi* sont prêts à tout. Si le racket n'est pas leur activité la plus rémunératrice, elle est la plus ancienne et la plus répandue. Un homme qui ouvrait une épicerie à New York faisait face à une alternative simple : soit il donnait une partie de ses bénéfices à la famille régnant sur le territoire, soit il passait un sale quart d'heure. Usure, proxénétisme, vente d'armes, trafic de drogue, faux monnayage, il n'y a pas un seul champ de la criminalité que la Mafia ait négligé. On la surnomme d'ailleurs « la Pieuvre », car ses tentacules se sont immiscés jusque dans l'économie légale – agroalimentaire, immobilier, etc.
« J'ai une certaine fascination pour le mal », a concédé Mario Puzo, ajoutant que le succès du film *Le Parrain* était sans doute dû au « désen-

chantement des Américains face à leur système judiciaire. » Il affirmait détester la violence mais ne trouvait pas la Mafia moralement pire que les entreprises qui licencient du jour au lendemain des milliers de travailleurs. Pourtant, la Mafia est incontestablement pire, car elle a recours à l'intimidation et la violence pour parvenir à ses fins. Et elle n'a nulle visée progressiste, n'ayant aucun intérêt à une amélioration de la justice sociale qui affaiblirait son pouvoir. Si l'État assurait réellement les services qu'elle « propose » – en les faisant payer très cher –, elle n'aurait plus lieu d'être. La défaillance du système existant lui permet de s'enrichir, c'est pourquoi elle l'encourage et assure son maintien en l'état.

Dans un livre publié à titre posthume, *Le Testament du dernier parrain*, Bill Bonanno a écrit que, après la mort des chefs originels et leur remplacement par une génération de *mafiosi* cupides qui n'avaient pas été élevés dans la tradition sicilienne, les valeurs de respect et d'honneur se sont délités, la Mafia ayant même accepté d'ajouter le trafic de drogue à ses activités. En réalité, tout ce récit relève d'une autojustification qui vise à présenter la Mafia comme une institution parallèle susceptible de faire acte de justice et dont les actes sont, arbitrairement et à tort, qualifiés de criminels. Mais plusieurs historiens pointent le rôle joué par Joseph Bonanno, à partir de 1957, dans la mise en place d'une route de la drogue depuis le Moyen-Orient jusqu'aux États-Unis. Dès les années 1950, de nombreux *mafiosi* de la famille Bonanno ont été condamnés pour détention illégale et trafic de drogue, dont Carmine Galante, très proche du parrain. Il paraît difficile d'imaginer que celui-ci n'était pas au courant que ses hommes trempent leurs mains dans la poudre. L'image d'un Don Vito Corleone bien réel qui ne veut pas se salir avec le trafic de drogue ne résiste pas à l'analyse.

Après son installation à Tucson, Joseph Bonanno a choisi de ne pas revenir à New York. Natale Evola, un *capodecina* de longue date, est intronisé par la Commission comme son successeur. En 1983, Bonanno publie son autobiographie, *Un homme d'honneur*, dans laquelle il raconte son parcours. Cela lui vaut de comparaître devant la justice pour s'expliquer sur l'existence de la Commission. Refusant de répondre, il passe quatorze mois en prison. Mis à part cet incident,

Joseph Bonanno a fait toute sa carrière criminelle sans jamais être inculpé. Et son enlèvement demeure un mystère ; selon son fils, il aurait été kidnappé par son « cousin » de Buffalo qui voulait négocier avec lui, puis aurait été libéré et serait resté planqué à New York. Joseph Bonanno a survécu à tous ses compères de la pègre. Il est mort en 2002, à l'âge de quatre-vingt-dix-sept ans.

Bill Bonanno, pour sa part, a connu une retraite plus difficile. Contrairement à Michael Corleone, réticent à s'engager dans les affaires familiales puis se révélant un prodige du crime, Bill a désespérément tenté de mener une existence normale après la Banana War. Mais il n'est pas simple de rentrer dans le droit chemin avec une fortune aussi mal acquise ; il est condamné à trois reprises pour divers crimes – fraude postale, extorsion, association de malfaiteurs – et passe en tout huit années derrière les barreaux. Jusqu'à sa mort en 2008, il sera rattrapé par son passé et devra justifier le moindre de ses revenus. Dont certains sont pourtant tout à fait légaux...

En 1999, la chaîne de télévision Showtime propose àBill un contrat lucratif pour qu'il devienne le producteur exécutif d'une série consacrée à la famille Bonanno. Une offre qu'il ne peut pas refuser...

L'AMAZONE

WONDER WOMAN

1800

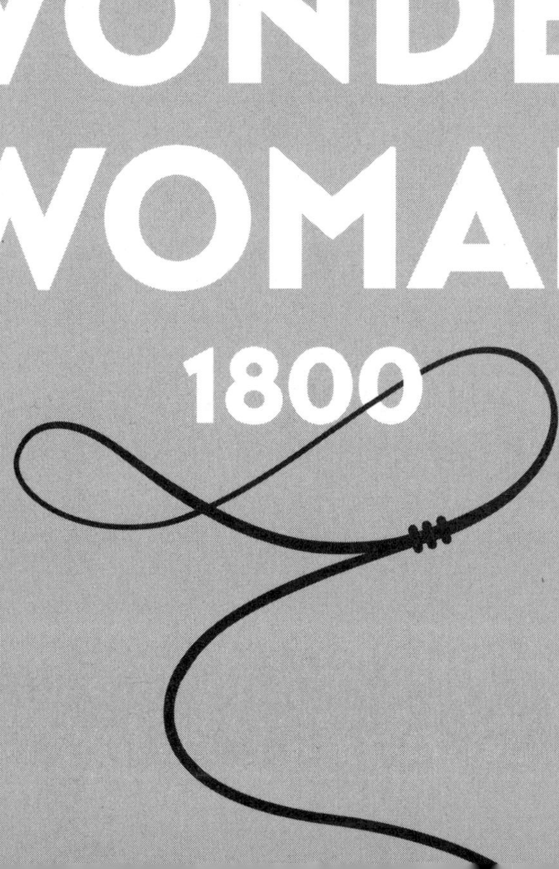

Wonder Woman 1800

26 Thermidor an II[1]. Depuis l'aube, les cris et les coups de feu se mêlent au babil de la rivière qui traverse Sant Llorenç de la Muga, village disputé par les armées française et espagnole.

Les heures passent, pourtant aucun des deux camps ne semble prendre l'avantage. Des corps éventrés à la baïonnette ou troués de plombs s'accumulent sur les berges de la Muga, dans les bois, au creux des collines.

À quelques kilomètres de là, le soldat Figueur traverse la campagne vallonnée au triple galop. L'ordre a été porté : la division du général Mirabel vient en renfort attaquer la position ennemie sur les hauteurs de Terrades.

Le messager, qui rejoint son régiment, débouche sur un terrain où une troupe française a été anéantie ; des morts gisent çà et là, des blessés se traînent pour retourner au combat ou rallier l'hôpital de campagne. On entend, dans les bois environnants, des tirs qui trahissent la présence des Espagnols.

Un cri plaintif s'échappe d'un amoncellement de cadavres.

Intrigué, Figueur descend de son cheval et dégage un homme portant la tenue de général. Une balle lui a traversé le crâne sans atteindre le cerveau ; son visage n'est plus qu'une croûte de sang et de poudre séchés, mais il respire encore.

Soudainement, des Espagnols surgissent des fourrées et prennent Figueur pour cible. Des tirs fusent autour de lui. Malgré le danger, le cavalier installe difficilement le blessé sur sa monture avant de déguerpir.

1. Cette date correspond au 13 août 1794. Pendant la Révolution française, le calendrier grégorien a été remplacé par un calendrier républicain.

Quelques heures plus tard, l'armée française remporte la bataille. Une fois remis de ses blessures, le général rescapé, répondant au nom de Noguez, demande à voir son sauveur. Le soldat se présente devant lui. Malgré un visage grêlé par la petite vérole, il a les traits exceptionnellement fins, à cent lieues d'une figure de soudard. Quelle n'est pas la surprise de Noguez quand l'homme décline son identité : « Thérèse Figueur, du 9e régiment de dragons ».
Le brave qui a risqué sa vie pour sauver celle d'un général est une femme. Et n'en combat pas moins pour l'armée révolutionnaire[2]. Bientôt, Thérèse Figueur se battra aux côtés de Napoléon.

Thérèse Figueur est devenue femme soldat le 2 juin 1793, combattant alors dans le rang des ennemis de la Révolution. Cette dernière divise la France depuis quatre ans, avec son lot de réformes égalitaires mais aussi d'émeutes sanglantes et de retournements politiques. Le roi Louis XVI a été décapité le 21 janvier précédent et la Convention[3] gouverne dans une instabilité permanente. Les hommes applaudis la veille risquent de se voir décapiter le lendemain. Ce jour-là justement, sous la pression de Parisiens affamés, une trentaine de députés accusés de trahison viennent d'être déchus de leur mandat et décrétés d'arrestation[4]. Il n'en faut pas moins pour qu'une partie de la France se soulève contre le gouvernement. Ceux qu'on appellera les fédéralistes[5] s'allient aux royalistes. Au conflit armé qui oppose le pays à une bonne partie de l'Europe – les monarchies voisines refusant de reconnaître le gouvernement révolutionnaire – s'ajoute maintenant une nouvelle guerre, civile cette fois.
Née en 1774, orpheline dès l'âge de dix ans, Thérèse a quitté la région parisienne pour s'installer à Avignon chez son oncle, un nostalgique de l'Ancien Régime. Fille au tempérament bien trempé, plus intéressée par le grand air que par l'instruction, elle a été placée en apprentissage

2. Les femmes n'avaient alors pas le droit de se battre dans l'armée régulière des régimes révolutionnaires.
3. La Convention nationale est une assemblée élue qui gouverna la France du 21 septembre 1792 au 26 octobre 1795.
4. Cette forme ancienne signifie qu'un décret d'arrestation a été pris contre une personne.
5. Les fédéralistes réclament une décentralisation des pouvoirs.

chez une drapière. Certes, elle est attirée par les uniformes, mais elle préfère de loin les porter pour parader que les confectionner. Les opinions de son oncle ont déteint sur son jeune esprit et elle propose de l'accompagner quand éclatent les insurrections fédéralistes. Ce que l'oncle accepte de bonne grâce après qu'elle s'est travestie en homme. Figueur se révèle inépuisable. Elle parcourt les champs de bataille, transmettant les ordres d'un peloton à l'autre, apportant des munitions aux fantassins, des boulets aux canonniers. Mais l'instruction militaire manque à tous ces combattants autoproclamés et la situation se détériore rapidement. Le général Carteaux, dépêché du Piémont avec la légion des Allobroges et ses milliers d'hommes, ne tarde pas à empêcher les forces rebelles du Midi de fusionner avec celles de Lyon. Le 13 juillet, il se rend maître du Rhône en repoussant les insurgés derrière Pont-Saint-Esprit. Le 25 du même mois, il pénètre en vainqueur dans Avignon.

La débâcle commence pour les fédéralistes. La compagnie de Figueur et de son oncle, la dernière à quitter la ville, est chargée de couvrir la retraite vers Marseille. Mais les fuyards s'égaillent à travers champ en criant « Sauve qui peut ! » quand les cavaliers allobroges les pourchassent. Il en faut toutefois davantage pour effrayer la jeune Thérèse. Avant de s'enfuir, elle prend le temps d'allumer la mèche d'un canon chargé de mitraille ; la grappe de plombs fauche plusieurs assaillants. Figueur et son oncle sont rattrapés dans les vignes et ne doivent leur survie qu'à un généreux sous-lieutenant qui n'a pas pour habitude de tuer des soldats désarmés.

Jetée dans une geôle sombre et surpeuplée, dormant sur la paille, au régime pain rassis et eau croupie, voyant partir un à un ses camarades pour l'échafaud, Thérèse n'y tient plus et révèle son sexe au gardien, espérant s'attirer de meilleurs égards. Grand bien lui en a pris. Intrigué par cette enfant qui a tenu tête à ses hommes, le général Carteaux lui propose de rejoindre son armée. Mais Thérèse, répétant ce qu'elle a toujours entendu autour d'elle, traite la République de « tas d'assassins ». La femme du général intervient pour rétablir quelques vérités et lui vanter les bienfaits de la Révolution.

« Écoute, reprend Carteaux d'une voix ferme, c'est à prendre ou à laisser. Retourne en prison et que le diable t'emporte, je m'en lave les mains. Ou fais-toi allobroge, et dans ce cas je te donne le meilleur cheval de mon écurie. »
Thérèse se rend à ses arguments... et choisit une jument gris pommelé.

Carteaux arrive aux portes de Toulon le 8 septembre 1793, précédé par la clameur d'une armée volant de victoire en victoire. Les royalistes ont cédé les clés de la ville à l'ennemi anglais et un long siège débute. Thérèse Figueur en est, désormais du côté de la République, dans son uniforme vert de chasseur à cheval.

Carteaux arrive aux portes de Toulon le 8 septembre 1793, précédé par la clameur d'une armée volant de victoire en victoire.

On la surnomme « Sans-Gêne » pour la grossièreté dont elle a fait preuve quand les Allobroges l'ont arrêtée à Avignon. Ce sobriquet ne lui déplaît pas, et c'est heureux, car il la suivra durant toute sa carrière militaire.
Le siège s'enlise. Les plans de bataille se succèdent et les généraux sont limogés les uns après les autres. Sans-Gêne peine à trouver l'occasion de s'illustrer. Elle fait même quelques faux pas... Envoyée porter des gamelles de soupe à un poste, elle rebrousse chemin sous le feu des canons anglais et doit ensuite supporter le feu des moqueries des soldats. Une autre fois, alors qu'on lui a donné un ordre à transmettre, elle parvient sans encombre à destination mais s'arrête sur le chemin du retour dans une cuisine de campagne installée dans un champ planté d'oliviers, pour se détendre et savourer un délicieux gigot. Mais son retard de Figueur n'est pas au goût de l'officier qui lui a confié la mission.
Penché sur une table recouverte de papiers et de cartes, un compas à la main, l'homme porte l'uniforme de l'artillerie et des épaulettes de commandant. Maigre, presque chétif, il a un visage taillé à la baïonnette et un teint jaunâtre, les joues creusées et des traits anguleux. Son nez, droit, est celui d'un conquérant. Il ne daigne même pas se tourner vers Thérèse, sort une montre et déclare sèchement : « Il te fallait trois quarts d'heure, tu as mis une heure dix. À la garde du camp. » Mise aux arrêts, Figueur est libérée par le général Dugommier qui cherche à connaître les raisons de sa détention. Fidèle à son nom

et à sa réputation, Sans-Gêne n'hésite pas à traiter ouvertement de « moricaud » l'officier qui l'a punie. Cela fait rire et l'affaire est oubliée. Quand elle demande qui est ce gradé responsable de son malheur, on lui répond : « Bonaparte. C'est un Corse, un officier de mérite. On en fait grand cas. » Ce sera sa première rencontre avec le futur empereur. Après cet épisode, Thérèse a enfin la possibilité de prouver sa bravoure. Bonaparte a établi un plan de bataille permettant à l'artillerie d'empêcher le ravitaillement de Toulon par la mer, et une batterie de canons bien placée gêne particulièrement les Anglais, qui ont envoyé deux colonnes d'hommes pour s'emparer de cette position. Protégés par une redoute, les Français se défendent bravement, mais les coups de feu se font de plus en plus rares : les munitions viennent à manquer. Sans-Gêne se porte volontaire pour apporter des cartouches. Empoignant les rênes de son cheval, elle traverse la plaine au triple galop, à découvert, risquant à chaque instant d'être prise pour cible. Parvenue saine et sauve derrière les remblais, elle est fêtée par la compagnie qui reprend la fusillade de plus belle. Quand les renforts arrivent, les Anglais rebroussent chemin, laissant derrière eux de nombreux morts. Une fois l'assaut terminé, Thérèse retire son gilet taché de sang. Un plomb l'a atteinte, heureusement amorti par sa giberne. Sa première blessure au combat.

Est-ce que ce sera la dernière ? En effet, lorsque le siège de Toulon est achevé et qu'une paix toute relative est revenue, la Convention entend que soit appliqué à la lettre le décret du 30 avril 1793, dont l'article 11 prévoit que, dans la gent féminine, seules pourraient demeurer dans l'armée les vivandières et les blanchisseuses. « Les femmes qui servent en qualité d'officiers, de soldats, etc., seront licenciées et elles recevront toutes cinq sous par lieue pour revenir dans leur pays. » Mais Sans-Gêne restera dans l'armée, dissimulant sa condition de femme avec la complicité de ses camarades et de ses supérieurs. Ce soutien démontre toutefois que le cas de Thérèse Figueur est loin d'être unique.

Comme l'a relevé John Keegan en 1993 dans son *Histoire de la guerre*, les femmes ont joué – volontairement ou non – un rôle dans de nombreux conflits : le rapt d'une femme a souvent été le

motif de batailles dans les sociétés anciennes – comme l'illustrent les récits mythologiques de l'enlèvement des Sabines[6] et d'Hélène[7], sous l'Antiquité. Dans certaines cultures, les mères ont pu élever des guerriers et leur apprendre ce qu'est le courage, tandis que les épouses incitaient ces mêmes guerriers à mettre cet enseignement en pratique pour leur faire honneur ou les protéger. Des reines et cheffes d'État ont aussi pu être à l'initiative de conflits. Plus proches des champs de bataille, les femmes ont régulièrement suivi les armées en mouvement, et c'était d'autant plus vrai dans la Grande Armée, sous Napoléon, pour rendre le quotidien des soldats plus agréables : cantinières, blanchisseuses et même prostituées faisaient partie des troupes. Au XXe siècle, durant la Grande Guerre, les femmes ont joué un rôle majeur à la fois sur le front, comme infirmières de campagne, et à l'arrière, mobilisées pour faire fonctionner les usines pendant que les hommes se battaient. Pendant la Seconde Guerre mondiale, elles sont devenues résistantes, saboteuses, parfois espionnes. « Mais, ajoute John Keegan, les femmes ne combattent pas. Elles se battent rarement entre elles et jamais contre les hommes, au sens militaire du terme. Si la guerre est aussi vieille que l'histoire et aussi universelle que l'humanité, nous devons admettre cette limitation capitale qui fait d'elle une activité exclusivement masculine. »

Sans-Gêne restera dans l'armée, dissimulant sa condition de femme avec la complicité de ses camarades et de ses supérieurs.

Pourtant, n'en déplaise à John Keegan, les femmes ont souvent eu l'occasion de jouer les combattantes. Si l'existence des Amazones de la mythologie grecque, peuple de femmes guerrières réduisant les hommes en esclavage et tuant leur progéniture mâle, reste controversée, celle des Amazones du Dahomey, ou Minon[8], ne fait aucun doute. Réunies dans un régiment de cinq mille soldats, ces femmes entraînées à tuer des taureaux à mains nues composaient une troupe

6. Épisode légendaire de la fondation de Rome au cours duquel les premiers occupants masculins de la ville, pour fonder leurs familles, se procuraient des femmes en les enlevant aux peuples voisins, entre autres aux Sabins.
7. L'enlèvement d'Hélène, femme d'Agamemnon, par Pâris est à l'origine de la guerre de Troie dans la mythologie grecque.
8. Le mot signifie « nos mères » en langue fon.

d'élite du roi du Dahomey[9] et se sont battues vaillamment pour empêcher la colonisation de leur pays par la France. Pour en revenir à Thérèse Figueur, Jean-Clément Martin, historien de la Révolution et de l'Empire, a recensé, par le biais de pensions et de rapports militaires, pas moins de cinquante femmes soldats dans les rangs de l'armée française, mais elles pourraient avoir été beaucoup plus nombreuses. Mais c'est surtout depuis le siècle dernier que les femmes ont commencé à contredire les propos de John Keegan : beaucoup de femmes soviétiques ont participé, les armes à la main, à la guerre patriotique contre l'Allemagne nazie, de même que de nombreuses Chinoises étaient engagées dans la guerre révolutionnaire conduite par Mao Tsé-toung en Chine. Depuis les années 1970, les armées ont ouvert leurs rangs aux femmes, même si seul Israël intègre celles-ci à une unité de combat. En France, les femmes représentent 15,5 % des effectifs militaires, dont plus de 25 % pour l'armée de l'air. Une évolution qui est à mettre en perspective avec la montée du féminisme dans les années 1960 et la volonté d'indépendance des femmes, et qui s'illustre notamment dans la fiction à travers la figure de la femme guerrière, de l'amazone.

À l'opposé des James Bond girls et des demoiselles en détresse dont le rôle se limite à être séduites ou secourues, des personnages comme Wonder Woman, la superhéroïne de DC Comics, Lara Croft, l'aventurière de la série de jeux vidéo *Tomb Raider,* ou encore Lisbeth Salander, la protagoniste de la saga *Millenium,* incarnent la femme forte, déterminée, qui refuse d'être ce qu'on attend qu'elle soit : douce, conciliante, en retrait. Ces *role models* puisent dans le mythe des Amazones, représentation masculine fantasmée d'un monde inversé où les femmes occuperaient la place dominante, mais aussi dans le destin bien réel de toutes ces femmes qui se sont battues au milieu d'hommes, dont Thérèse Figueur. Ces guerrières, à l'instar de Hua Mulan, figure légendaire qui a inspiré à Disney son film d'animation *Mulan,* ont dû se travestir en homme pour se faire une place dans l'armée, et le fait qu'elles aient été acceptées ou n'ont jamais été démasquées montre qu'elles se sont montrées aussi braves que leurs camarades masculins. Dans ses Mémoires, Thérèse Figueur fait assez

9. Ancien royaume africain situé dans l'actuel sud-ouest du Bénin, entre le début du XVIIIe siècle et la fin du XIXe siècle.

peu référence à son sexe, celui-ci s'effaçant derrière sa fonction de soldat, même s'il a forcément influencé son destin.

Car c'est en se dévoilant qu'elle obtient le privilège d'intégrer l'armée conventionnelle. Révéler qu'elle est une femme lui a aussi permis, chaque fois qu'elle a été capturée, d'être mieux traitée et même de pouvoir quitter une ville prise par les Autrichiens dans des habits de demoiselle, au nez et à la barbe des soldats qu'elle avait sabrés la veille.

Pourtant, à deux reprises au moins, son sexe a failli lui causer un grand tort : alors qu'elle est emprisonnée avec ses camarades dans un village, la rumeur de la présence d'une femme guerrière excite la superstition des habitants qui veulent la brûler comme sorcière, comme on l'a fait deux siècles plus tôt avec Jeanne d'Arc. À une autre occasion, un geôlier s'est mis en tête de la violer et elle a dû se battre pour lui faire abandonner son plan. Thérèse Figueur est bel et bien aussi forte qu'un homme, voire plus à en juger par ses états de service qui déclarent qu'« elle a donné des preuves de courage d'autant plus remarquables qu'elles semblent être exclues de la faiblesse de son sexe. Son dévouement, sa bravoure peu ordinaires même parmi les hommes, la rendent recommandable ». Car le soldat « Sans-Gêne » a contribué au même titre que ses partenaires masculins à l'épopée qui ont fait de la France la première puissance du monde au début du XIXe siècle.

Le soldat « Sans-Gêne » a contribué au même titre que ses partenaires masculins à l'épopée qui ont fait de la France la première puissance du monde au début du XIXe siècle

14 octobre 1806.

À 6 heures, alors que la campagne environnant Iéna est recouverte d'un épais brouillard, Napoléon donne l'ordre d'attaquer. Les fantassins n'ont pas dormi de la nuit, ayant dû élargir à coups de pioche un sentier pour faire passer l'artillerie jusqu'à un plateau où se trouve positionnée l'armée prussienne.

Mal réveillés et surpris de voir déboucher les Français face à eux plutôt que par la route qui monte de la vallée, les Prussiens reculent sous le feu des fusils et les coups de baïonnettes. En quelques heures à peine, plusieurs places sont conquises et le centre du dispositif prussien se retrouve acculé dans le village de Vierzehnheiligen.

En retrait, le cheval de Thérèse Figueur piaffe d'impatience. Elle-même a du mal à rester calme en voyant la fumée s'élever du champ de bataille et aimerait être plus proche pour se mêler au combat. Elle veut croiser le fer avec du Prussien, avoir sa part de gloire dans cet affrontement qu'elle juge gagné d'avance. Mais il lui faut attendre le mot qui lui permettra de s'élancer vers ses camarades. En début d'après-midi, il vient enfin : « Chargez ! »

Figueur éperonne son cheval qui semble s'envoler. Des milliers de cavaliers avancent en rangs serrés, faisant trembler la terre, soulevant la poussière, l'eau des flaques puis les têtes prussiennes. Au cœur de la bataille, Sans-Gêne s'illustre comme à son habitude, jetant sa monture à droite, à gauche, écrasant des soldats ennemis, désarçonnant des dragons adverses.

Une heure plus tard, l'armée prussienne est en déroute, fuyant en tous sens. Le général von Rüchel arrive avec treize mille hommes, mais il n'y a plus rien à soutenir. Sa colonne se joint à la débâcle.

Napoléon ordonne à ses soldats de talonner les vaincus pour les empêcher de consolider leur position plus loin. Thérèse Figueur poursuit les fuyards, épargnant quand elle le peut les fuyards et constituant des groupes de prisonniers.

Au milieu de l'après-midi, la bataille est terminée. Couplée à la victoire du maréchal Davout à Naumburg, la Grande Armée vient de faire subir des pertes énormes à la Quatrième Coalition – plus de vingt mille hommes mis hors de combat et toute l'artillerie capturée –, augurant sa reddition un mois plus tard. La Prusse devient un État vassal de la France, qui conclut une alliance avec la Russie, étendant une nouvelle fois son influence sur l'Europe.

Comment la France est-elle passée du statut de République aux abois, encerclée par des monarchies hostiles, à celui de maître de l'Europe ? En grande partie grâce à Napoléon Ier. Au début de 1793, la France est fière de ses victoires contre la Prusse et l'Empire austro-hongrois, venus mater la Révolution et remettre Louis XVI sur le trône. Mais la perte de la Belgique, les soulèvements du Midi et de la Vendée font un moment redouter le pire. Heureusement, les armées révolutionnaires sont pleines de fougue, ne désirant pas que la société de privilèges récemment abolie se reconstitue. Les soulèvements sont réprimés et les armées ennemies repoussées en dehors des frontières françaises. En 1794, Thérèse Figueur participe à la guerre du Roussillon contre les Espagnols, au cours de laquelle elle sauve la vie au général Noguez et empêche deux soldats de se noyer dans un fleuve.

Sans-Gêne ne prend pas part à la première campagne d'Italie qui met fin à la Première Coalition, ni à l'expédition d'Égypte conduite quelques années plus tard par l'ex-général d'artillerie qu'elle a rencontré à Toulon. Cantonnée en Italie, elle doit affronter les Autrichiens en 1799 avant que Bonaparte, devenu Premier Consul après un coup d'État, parvienne à conquérir la botte transalpine. En 1802, la paix règne de nouveau en Europe continentale. La France renforce sa position dominante – la Belgique, les Pays-Bas et plusieurs régions d'Italie lui appartiennent. Après plus de dix ans de troubles politiques et militaires, elle goûte un repos bien mérité et cherche à réconcilier la noblesse et le clergé avec les acquis de la Révolution. Thérèse a quitté l'armée, sa santé ayant été sérieusement détériorée par une retraite dans un ravin glacial. Mais « le petit dragon Sans-Gêne », comme on l'appelle, s'ennuie dans la vie civile et décide de retrouver son régiment. Il ne va pas tarder à avoir besoin d'elle, les guerres des Troisième et Quatrième Coalitions se déclarant coup sur coup.

Thérèse a quitté l'armée, mais « le petit dragon Sans-Gêne », comme on l'appelle, s'ennuie dans la vie civile...

Les batailles d'Ulm, d'Austerlitz ou d'Iéna sont autant de noms qui évoquent aujourd'hui encore la grandeur de l'armée française sous le commandement de Napoléon, sacré empereur le 18 mai 1804. Thérèse Figueur participe à ces trois campagnes, galopant sur les rangs ennemis et jouant sa partie dans des manœuvres qui permettent des victoires décisives sans faire couler trop de sang. Il faut à peine deux ans pour que les coalitions soient mises en déroute et signent des traités de paix, cédant à chaque fois un peu plus de territoires et remodelant la carte de l'Europe dont plusieurs pays deviennent des États vassaux de l'Empire. Après la bataille d'Iéna, Sans-Gêne chute de son cheval, se blesse gravement à la jambe et doit rentrer à Paris pour se faire soigner.

Pendant les dix-huit mois que dure sa convalescence, Napoléon vainc la Cinquième Coalition et occupe l'Espagne, donnant à l'Empire son extension maximale… Mais les ailes de l'Aigle impérial[10] sont devenues trop lourdes, et il ne peut que décliner désormais.
Les Français sont lassés de la guerre. Plus aucune bataille n'a eu lieu sur son sol depuis une dizaine d'années, mais la conscription enlève toujours plus de jeunes hommes à leurs familles. Napoléon a établi un blocus qui vise à asphyxier l'Angleterre en l'empêchant de commercer avec le continent, mais ses effets restent limités. Dans les chancelleries soumises, la colère gronde contre ce conquérant talentueux à la chance insolente. Il commet alors deux erreurs : tenter d'envahir la Russie, ce qui se solde par une déroute terrible à travers les steppes glacées, au cours de laquelle deux cent mille soldats vont trouver la mort, et s'évertuer à occuper l'Espagne malgré une guérilla meurtrière. C'est d'ailleurs sur la péninsule ibérique que se joue le dernier acte de la carrière militaire de Thérèse Figueur.

Juillet 1812.
Depuis un an, Sans-Gêne opère à Burgos, une petite ville entre Madrid et la frontière française. De ce point, elle part de temps à autre en détachement pour escorter du courrier et des convois de vivres ou de munitions à Valladolid et à Vittoria. Quand il n'y a rien à faire, les portes de la ville restent fermées et les régiments sont cantonnés à l'intérieur, comme en état de siège. Aucune batterie d'artillerie n'est pourtant visible des remparts… Mais dans les fourrés, derrière chaque rocher, peuvent se cacher des hommes armés. Le 2 mai 1808, l'armée française a violemment réprimé un soulèvement à Madrid et, depuis, de nombreux Espagnols ont basculé dans la clandestinité pour affronter l'occupant. La guérilla est menée par Mérino, un curé qui préfère son pays aux injonctions de Dieu, particulièrement celle qui commande de ne pas tuer. Gare au soldat français qui prend le

10. L'aigle était l'emblème de l'Empire français sous Napoléon.

risque de s'aventurer tout seul au-delà des dernières habitations, il pourrait ne jamais revenir.

C'est pourtant ce que fait Thérèse Figueur par une chaude journée de juillet, fuyant les rues chargées d'hostilité et la routine des manœuvres. Elle flâne à l'ombre des arbres, longeant une rivière dans laquelle se baigne son chien, récemment recueilli parmi les bêtes errantes. Sans son uniforme de dragon, elle aurait sans doute pu passer pour une innocente paysanne profitant de quelque chose que l'occupant ne peut pas lui enlever : la beauté de la nature.

« Halte-là, chien de Français ! » rugit une voix.

Sans-Gêne tire son sabre mais déjà surgit d'une colline boisée une vingtaine d'hommes armés de fusils. Ni fuite ni affrontement ne sont envisageables. Elle est prise et risque de ne pas s'en tirer à si bon compte que les fois précédentes. Figueur est emmenée, canons dans le dos, guidée à coups de pied, jusqu'à un petit village où on l'enferme. Pourtant, si la chance a abandonné Napoléon depuis quelques années, elle n'a pas délaissé Thérèse.

« Eh ! s'écrie un guérillero, c'est la demoiselle soldat, celle qui logeait chez un curé et qui était si bonne avec les pauvres. »

Sans-Gêne s'est montrée généreuse envers le petit peuple espagnol de Burgos, et c'est ce qui décide ses ravisseurs à ne pas l'exécuter. Elle est toutefois gardée captive puis livrée aux Anglais avec deux cents prisonniers, dont seulement soixante et un survivront à la longue marche jusqu'à Lisbonne. Présentée comme officier, elle échappe au ponton, ces navires de guerre immobilisés et désarmés servant de prison flottante. On l'enferme dans un fort où elle est tout de même fort mal traitée pendant plusieurs mois avant d'embarquer pour l'Angleterre. La traversée dure trente-neuf jours au lieu de sept : deux bâtiments ont sombré et de nombreux prisonniers ont péri en mer.

« Eh ! s'écrie un guérillero, c'est la demoiselle soldat, celle qui logeait chez un curé et qui était si bonne avec les pauvres. »

Amaigrie et épuisée, Thérèse Figueur n'imagine guère que sa situation puisse s'améliorer dans la perfide Albion qui mène la vie dure à la France depuis vingt ans. Pourtant, elle est assignée à demeurer à Bolderwood, un petit village entouré de bois et d'herbe grasse où elle séjourne paisiblement jusqu'au 6 avril 1814, date de l'abdication de Napoléon. Malgré son génie militaire, ces trois cents milliers d'hommes – presque tous de jeunes recrues – n'ont pas fait le poids face au million de soldats de la Sixième Coalition.

Sans-Gêne peut rentrer en France, partagée entre la tristesse d'apprendre la défaite de l'Empereur et la joie de revoir son pays. Débarquant à Roscoff, à la pointe du Finistère, elle court à la première maison y embrasser ses habitants. Elle a quarante ans et il est temps pour elle de prendre sa retraite.

Napoléon, pour sa part, n'est pas décidé à en faire autant. Exilé de force sur l'île d'Elbe, il ne s'habitue pas à sa nouvelle vie. Il a régné sur l'Europe et le voilà maître d'un royaume minuscule ! Il revient en France sans verser une goutte de sang, acclamé partout où il passe. Louis XVIII, roi depuis moins d'un an, fuit Paris en toute hâte, laissant ses affaires et ses papiers derrière lui.

Sans-Gêne est trop usée par vingt ans de guerre pour reprendre les armes mais se poste aux Tuileries, en uniforme de chasseur, pour crier « Vive l'Empereur » au passage du grand homme. Ils échangent quelques mots et Napoléon promet de récompenser son dévouement par une pension.

Le lendemain, il entame la campagne de Belgique où il livre sa dernière bataille le 18 juin 1815, à Waterloo. C'est aussi sa dernière défaite. Il est exilé beaucoup plus loin que la première fois, sur l'île de Sainte-Hélène, à deux mille kilomètres de la côte africaine. Il y meurt le 5 mai 1821.

Le destin de la majorité des soldats de la Révolution et du premier Empire a été intimement lié à celui de Napoléon. Ceux qui ont survécu aux nombreuses campagnes quittent leur service ou sont dégradés, la monarchie restaurée se montrant désireuse de couper tout lien avec un régime que les rois ne considèrent pas comme légitime.

Nombre d'anciens combattants valeureux terminent leur vie dans l'oubli et sans le sou. Mais ils seront remerciés plus tard par la construction de l'Arc de Triomphe et, d'une certaine manière, honorés par les livres innombrables qui paraissent chaque année sur le premier Empire, la Grande Armée et Napoléon.

Thérèse Figueur, pour sa part, a été doublement oubliée. Après le retour des Bourbons au pouvoir, elle se marie à Clément Sutter, un tambour qu'elle a rencontré dans sa première jeunesse. Celui-ci meurt peu après et elle doit se contenter d'une pension de deux cents francs par mois jusqu'à la fin de ses jours. Malgré ses états de service, les portes des Invalides, construits pour les vétérans blessés sous le règne de Louis XIV, lui restent fermées. Car elle est une femme.

Elle loge dans un hospice, invitée de temps à autre à dîner chez des riches qui aiment l'entendre raconter ses récits de guerre. C'est lors d'une de ces occasions qu'elle rencontre Saint-Germain Leduc qui propose d'écrire ses Mémoires. Il terminera la rédaction avant que Thérèse ne meure, le 4 janvier 1861.

Dans ses souvenirs, Thérèse relate le plus beau souvenir qu'elle a gardé de ses vingt années de service, celui de sa seconde rencontre avec Napoléon, alors Premier Consul. Devant sa suite, il plaisante sur le fait que la jeune femme l'a insulté devant l'état-major puis, n'ayant jamais jugé les autres qu'à l'aune de leur valeur, il dit à son auditoire :

« Mademoiselle Sans-Gêne est un brave. »

LE ZOMBIE

PANDÉMIE À HAÏTI

Pandémie à Haïti

Port-au-Prince, capitale de la République de Haïti… et de la mort.

Dans un pays où, pour une partie de la population, la fin n'est que le début d'une nouvelle vie, les maisons funéraires abondent, en particulier au sein de Port-au-Prince, cité portuaire de plus d'un million d'âmes. Il s'agit de préparer comme il se doit l'avènement de sa seconde existence et son voyage vers la terre originelle de ses ancêtres.

Mais il arrive que cette étape primordiale ne se passe pas comme prévu. Un jour de l'année 1980, Angelina Narcisse se rend au marché faire des emplettes. Se frayant un chemin dans la foule compacte, entre les étals de fruits, d'épices et de poissons, elle s'arrête parfois pour saluer une connaissance et échanger des paroles anodines.

Un jour de marché ordinaire donc, jusqu'à ce qu'une connaissance d'un genre particulier surgisse de la cohue ; c'est un vieil homme au visage grêlé et aux yeux éteints, qui ressemble trait pour trait à son frère Clairvius.

Il s'approche d'Angelina d'un pas traînant, comme si le monde autour de lui n'existait pas. Elle reste figée, effrayée par cette vision. Les propos entendus depuis son enfance reviennent à sa mémoire… *En serait-il devenu un ?*

Angelina entend à peine ce que le vieillard lui dit : « C'est moi, Clairvius » ou quelque chose du même registre.

Mais c'est impossible.

Clairvius est décédé il y a dix-huit ans. Angelina s'en souvient très bien, car elle est restée à son chevet jusqu'à ce qu'il pousse son dernier soupir. Elle a assisté à son enterrement et, dix jours plus tard, à la pose d'une lourde pierre tombale.

Tout porte donc à croire que le prétendu revenant n'est qu'un usurpateur, un mauvais farceur.
Ces traits, ce regard pourtant... Il faut se rendre à l'évidence, c'est bien Clairvius Narcisse qui se tient face à elle.
Il est revenu d'entre les morts. C'est un zombi.

30 avril 1962.
Un homme couché sur un brancard émet de sinistres sifflements, de longs râles caverneux. Ce ne sont pas ceux d'un mort-vivant mais bien ceux d'un moribond. Clairvius Narcisse, âgé de quarante ans, qui entre aux urgences de l'hôpital Albert-Schweitzer à Deschapelles, dans la vallée de l'Artibonite. Les infirmiers s'activent autour de lui, espérant encore le sauver malgré son état inquiétant.
Clairvius crache du sang, des courbatures le mettent au supplice, la fièvre le consume. Si les spécialistes du service ne sont pas parvenus à diagnostiquer précisément le mal qui le ronge, ils font tout leur possible. Mais trois jours plus tard, après que le patient a sombré dans le coma, cette formule irrévocable est prononcée : « 2 mai 1962. Heure du décès : 13 h 15. » Deux médecins certifient que ledit Clairvius Narcisse est passé de vie à trépas. Le dossier évoque une hypertension maligne et une crise d'urémie. Conservé dans une chambre froide durant une vingtaine d'heures, il est enterré à 10 h le lendemain, dans un petit cimetière au nord de son village.
Sa réapparition miraculeuse sur le marché de Port-au-Prince, près de deux décennies plus tard, fait grand bruit. L'affaire attire même l'attention de la BBC qui diffuse un documentaire sur le sujet en 1982. Le cas de Clairvius est unique en cela que le prétendu défunt a succombé dans un institut américain philanthropique qui note et enregistre soigneusement toutes les informations relatives à leurs patients – contrairement aux établissements haïtiens. Pour la première fois, une étude scientifique sur les zombis peut être menée. Grâce à elle, un biochimiste haïtien, Lamarque Douyon, et un ethnobotaniste canadien, Wade Davis, parviennent à attirer l'attention de la communauté scientifique qui considérait jusque-là toutes ces histoires comme du folklore dénué de tout fondement. Car de nombreux cas similaires se sont produits avant Narcisse. Dès le début du XXe siècle, sous l'occupation américaine, les morts-vivants de Haïti faisaient déjà parler d'eux.

Dans les fictions populaires, ces monstres partiellement décomposés, souvent touchés par un virus ou une attaque radioactive, semblent poursuivre un double objectif : se nourrir d'autres vivants tout en les contaminant à leur tour. Parfois, l'épidémie responsable de leur transformation peut prendre une ampleur gigantesque et annihiler des pans entiers de la civilisation, comme dans les films *28 semaines plus tard* ou *World War Z*. À l'image de la peste, dont les ravages étaient propices à véhiculer des légendes de vampires et de morts-vivants.

Au XIVe siècle en Europe, la peste bubonique, appelée peste noire par les historiens, s'est révélée particulièrement dévastatrice : on estime que 25 % à 50 % de la population ont succombé. La chute démographique remarquée en France entre 1340 et 1440, de 17 à 10 millions d'habitants, est largement imputée à la peste. Les esprits en ont été marqués à jamais et l'imagination des artistes abondamment nourrie pour donner naissance à l'art macabre – de la *Danse macabre* de Michael Wolgemut (1493) au *Triomphe de la Mort* de Pieter Brueghel l'Ancien (1562). Dans la culture occidentale, les revenants sont en partie les héritiers de cette peste et ils hantent, depuis cette époque, de nombreuses œuvres sous diverses formes.

L'une d'entre elles, le zombie[1], a été popularisée accidentellement en 1968 par le célèbre film de George Romero, *La Nuit des morts-vivants*. Pourtant, le script ne cite jamais le mot « zombie », qui apparaît sous la plume des commentateurs après l'immense succès du film et qui s'inscrit au fil du temps dans l'inconscient collectif. Pour sa part, Romero souhaitait simplement différencier ses monstres des vampires du roman *Je suis une légende*[2], dont il s'est inspiré. À aucun moment il n'avait considéré que ses morts-vivants avaient quelque chose en commun avec les véritables zombis de Haïti. Ces derniers sont pourtant occultés par le succès des morts-vivants de fiction, faute qu'une œuvre

1. Le terme « zombie » est réservé à la figure de fiction inventée par la littérature populaire et le cinéma, tandis que le mot « zombi » sans « e » est réservé aux « revenants » haïtiens..
2. Roman de science-fiction de Richard Matheson, paru en 1954.

vraiment marquante se soit intéressée au mythe haïtien. Rectifions cependant : le mythe n'en est pas un. Les zombis existent bel et bien.

En 1929, l'explorateur William Seabrook publie *L'Île magique*, livre consacré à Haïti et à la religion vaudoue qui y occupe une place prépondérante. Une dizaine de pages décrivent une entité que l'auteur considère comme exclusivement locale : le zombi. Même si le terme a été employé dans des œuvres plus anciennes comme *Le Zombi du Grand Pérou* de Pierre-Corneille Blessebois[3], *L'Île magique* est le premier texte à traiter explicitement de cette créature dont elle fait une figure d'épouvante qui inspirera la culture populaire. Le zombi y est décrit comme « un cadavre sans âme, bel et bien mort, mais extirpé de son tombeau et se voit conférer par un sorcier, d'un semblant de vie, machinal – c'est un corps inanimé, destiné à marcher, agir et bouger pour donner l'illusion qu'il est en vie ».

Dans ce court chapitre, le mot « zombi » apparaît trente-deux fois ; c'est suffisant pour que les Américains, friands d'histoires étranges, se l'approprient et élèvent le cadavre ambulant au rang des stars de l'horreur, aux côtés de Dracula et du monstre Frankenstein.

Friands d'histoires étranges, les Américains ont élevé le cadavre ambulant au rang des stars de l'horreur, aux côtés de Dracula et du monstre Frankenstein.

Trois ans après la publication de *L'Île magique*, une pièce intitulée *Zombie* est jouée à Broadway. La même année, *White Zombie*, le premier film à mettre en scène ces créatures, sort dans les salles obscures. D'autres voient le jour, la plupart ayant pour toile de fond la sorcellerie vaudoue : *La Révolte des zombies, Le Roi des zombies, I Walked With a Zombie, Zombies on Broadway* ou encore *I Eat Your Skin*. Toutefois, l'attrait de l'Occident pour le fantastique n'a pas aidé à rendre le phénomène crédible et *L'Île magique*, qui est pourtant un travail de journaliste, s'est trouvé desservi par un sensationnalisme excessif et une évidente fascination pour l'occulte. Discerner le vrai du faux est devenu impossible. Pourtant, au-delà des rumeurs, les différents portraits des revenants de Haïti offrent certains traits récurrents.

---

3. Roman paru en 1697 et qui s'inspire des aventures de son auteur, qui avait intrigué en Guadeloupe en se faisant passer pour un sorcier.

William Seabrook écrit : « Ma première impression des trois zombis, qui continuaient de travailler, fut qu'ils avaient vraiment quelque chose de bizarre. Ils avaient des gestes d'automates. Je ne pouvais pas voir leur figure, penchés qu'ils étaient vers le sol, mais Polynice en prit un par l'épaule et lui fit signe de se redresser. Docile comme un animal, l'homme se releva et ce que je vis alors me causa un choc douloureux. Le plus affreux, c'était le regard, ou plutôt l'absence de regard. Les yeux étaient morts, comme aveugles, dépourvus d'expression. Non, ce n'était pas des yeux d'aveugles, mais des yeux de mort. Tout le visage était ainsi inexpressif, incapable d'expression. »

Le plus affreux, c'était le regard. Les yeux étaient comme aveugles, dépourvus d'expression. Non, ce n'était pas des yeux d'aveugles, mais des yeux de mort.

Le voyageur américain a mis le doigt sur quelque chose. En 1936, parmi les scientifiques qui s'intéressent au sujet, l'ethnologue Zora Neale Hurston tombe elle aussi nez à nez avec un zombi, Felicia Felix Mentor, qu'elle photographie. Sa description est identique à celle de Seabrook : « Son visage était sans expression, avec des yeux morts. Ses paupières étaient blanches comme si elles avaient été brûlées par de l'acide. »

Zora Neale Hurston approfondit ses recherches et résout une partie de l'énigme des zombis près d'un demi-siècle avant le retour de Clairvius Narcisse parmi les vivants. Elle affirme que les « zombifications » de Haïti sont causées par un poison, inoculé volontairement en guise de punition par des sociétés secrètes vaudoues. Mais faute de preuves suffisantes, et parce qu'elle est Afro-Américaine – la ségrégation raciale sévit encore amplement aux États-Unis –, les conclusions de la chercheuse ne sont pas prises en considération. Son hypothèse était pourtant vraie. Ces pratiques existent bel et bien et Clairvius en est une victime, jugé par une institution vaudoue.

14 août 1791.

Le tonnerre gronde et les éclairs laissent apparaître de temps en temps le profil rocheux du Morne-Rouge. Malgré le fracas de la foudre et la pluie, la forêt du Bois-Caïman est emplie de voix en colère. Le couvre-feu des esclaves a sonné et pourtant ils se sont tous réunis là. Parmi ces ombres, un *houngan*, prêtre vaudou, et une *mambo*, son équivalent féminin, dirigent la cérémonie. Religion originaire d'Afrique de l'Ouest qui s'est exportée dans les Caraïbes et les Amériques avec la traite des noirs, le vaudou a survécu malgré la conversion forcée des esclaves au christianisme et l'interdiction de pratiquer leurs cultes. Dans la servitude, le vaudou a fini par incarner la fidélité des Noirs à leurs racines et la résistance à l'oppression.

La cérémonie qui se déroule cette nuit-là à Bois-Caïman, au cours de laquelle un cochon noir a été égorgé afin que les esclaves s'abreuvent de son sang et deviennent invulnérables face aux armes des colons, marque le début de la révolution haïtienne.

Pendant une dizaine de jours, le nord de l'île est ravagé par les flammes et les combats. La répression ne tarde pas, mais la révolte ne s'éteint pas et finit par donner naissance à la première République noire du monde, en 1804.

Les habitants de Haïti échappent donc à l'esclavage, particulièrement cruel dans cette région, et la religion vaudoue, garante de la liberté, constitue une spiritualité qui cimente la nation, sans pour autant donner lieu à la création d'instances officielles qui la représenteraient. À compter de ce moment, certains adeptes de cette religion s'organisent en confréries secrètes, ou « Sociétés sacrées », comme les bizangos, les zobops, les cochons gris ou les sectes rouges, et veillent à ce que justice soit faite dans un contexte instable et propice aux abus. Leur influence est restée très forte et les *bokors* – les sorciers vaudous – continuent de se transmettre le savoir pharmacologique de la zombification qui leur permet, lorsqu'il n'y a pas d'autres solutions selon eux, de châtier ceux dont le comportement nuit à la société : voleurs, assassins, violeurs. Nécessairement, cette justice de l'ombre connaît quelques dérives. Il arrive ainsi que des *bokors* abusent de leur pouvoir pour satisfaire une vengeance personnelle. Mais ces actes sont très mal vus et ces sorciers mal intentionnés courent le risque d'être zombifiés à leur tour. Clairvius Narcisse a-t-il connu ce sort ou a-t-il été victime d'un *bokor* malhonnête ? Le mystère demeure... Seule certitude : quelqu'un a jugé ses actes répréhensibles.

Quelque temps avant son prétendu trépas, Clairvius, en sa qualité d'aîné, a hérité de la propriété de son père. Peu lui importe que cette parcelle de terre fasse vivre toute sa famille : il désire la vendre pour partir aux États-Unis – plus précisément à Miami, comme beaucoup de Haïtiens. Son entourage a beau essayer de le raisonner, c'est peine perdue. Il s'obstine dans son projet. Une confrérie vaudoue entre en scène à la demande du frère de Clairvius. Cette dernière met en garde Narcisse à plusieurs reprises, avant de prononcer son jugement et de faire exécuter la sentence. Clairvius est donc zombifié : dans un premier temps, il est empoisonné afin de donner l'illusion qu'il est mort et, vingt-quatre heures après les funérailles, il est exhumé et contraint de mener une existence d'esclave dans des champs de cannes à sucre. Il subit ainsi un sort plus lourd que la mort, puisqu'il doit revivre les tourments de ses ancêtres pour avoir mal agi. Sa peine dure deux ans. Tous les jours, de l'aube au crépuscule, Clairvius besogne avec, pour seul répit, l'ingurgitation d'un unique et maigre repas. De surcroît, les mixtures qu'on le force à avaler le maintiennent dans un état second, soumis et manipulable. Plus pantin qu'homme. Son libre arbitre se désagrège. Par chance, une opportunité de fuite s'offre à lui. Un autre « esclave », ne supportant plus le calvaire, se jette sur le contremaître et le tue ; Clairvius en profite pour s'échapper. Mais des mois s'écoulent avant qu'il retrouve sa pleine conscience. Il patiente de longues années avant d'aborder sa sœur – dans l'intervalle, le frère qui l'a fait zombifier est mort. Le sort de Clairvius éveille l'intérêt des médias, mais aussi de l'ethnobotaniste canadien Wade Davis. Des travaux débutent alors pour tenter de découvrir quel type de substance a le pouvoir de réduire un homme à cette hébétude si particulière. S'il n'existe pas une formule unique, les expériences ont le mérite de mettre en lumière des ingrédients clés permettant d'expliquer le processus.

Le tétraodon, poisson appelé fufu en Haïti et fugu au Japon, lorsqu'il sent le danger, se gonfle d'eau et dresse ses épines – d'où son surnom de poisson-globe ou poisson-ballon. Autre particularité et non des moindres, sa chair recèle un puissant poison, la tétrodotoxine, qui en fait un mets de choix au Japon, où les amateurs expérimentés raffolent

de l'effet que leur procure cette substance au niveau des lèvres, entre engourdissement et picotements. Ce plaisir de casse-cou gastronomique est néanmoins dangereux si la dose présente dans le plat excède une goutte. Seuls les cuisiniers habilités peuvent en servir dans leur restaurant. Cela n'empêche pas que des intoxications se produisent chaque année, voire plus rarement des décès – en 1975, Bando Mitsugoro III, célèbre acteur japonais de théâtre nô, a succombé après avoir, par bravade, mangé quatre portions de foie de poisson-globe.
Le médecin légiste Philippe Charlier, qui a étudié de près les morts-vivants de Haïti, a listé les symptômes associés à l'ingurgitation de tétrodotoxine : « Grade 1 : fourmillements (paresthésies) autour de la bouche, avec troubles gastro-intestinaux (douleur au ventre, nausées, vomissements, brûlures d'estomac, diarrhée, etc.) ; grade 2 : fourmillements (paresthésies) gagnant le tronc et les extrémités avec apparition de paralysies et de troubles de la coordination des mouvements ; grade 3 : paralysie diffuse, hypotension artérielle, aphasie ; grade 4 : perte de conscience, paralysie des muscles respiratoires, hypotension artérielle sévère, trouble du rythme cardiaque. Dans le même temps, une hypothermie ainsi qu'un important ralentissement des battements cardiaques peuvent survenir, de telle sorte que le tableau clinique peut être celui d'un état de mort apparente. »

De l'aube au crépuscule, Clairvius besogne. Les mixtures qu'on le force à avaler le maintiennent dans un état second. Plus pantin qu'homme.

Mais c'est avant tout l'état de mort apparente qui a incité les sorciers vaudous à exploiter la tétrodotoxine qu'ils associent avec d'autres substances pour former une poudre. Celle-ci contient également du venin de crapaud, prélevé sur un amphibien mort de la rage que son prédateur naturel, la couleuvre, lui transmet. Cet ingrédient est à l'origine des fortes éruptions cutanées très spécifiques que l'on remarque chez certains zombis. Par superstition sont ajoutés des ossements humains broyés, mais aussi mille-pattes, tarentules, racines et graines de plantes toxiques.

Cependant, l'histoire des zombis de Haïti ne se réduit pas à l'utilisation de stupéfiants, les agissements des confréries vaudoues ne pouvant pas expliquer à eux seuls le millier de cas recensé chaque année. Il s'agit d'un phénomène de société plus large et unique au monde. Outre les victimes des *bokors*, il y a également ceux que les Haïtiens appellent les « zombis psychiatriques », patients généralement atteints de schizophrénie et convaincus d'avoir visité le royaume des morts, ainsi que les zombis « sociaux », des individus remplaçant des personnes disparues au sein d'une famille. Au fil des époques, le concept de zombi est devenu une sorte de fourre-tout. De nombreux problèmes de la société haïtienne ont rendu possible cette « pandémie », à commencer par celui de l'état civil. Beaucoup de Haïtiens naissent et meurent sans avoir été inscrits sur un registre. Par conséquent, les usurpations d'identité sont légion, parfois assumées pour combler la perte d'un défunt dans une famille. De plus, l'espérance de vie est faible (soixante et un ans) et la mortalité infantile très élevée (60 décès pour 1 000 naissances, contre 3,37 en France). Une telle prééminence de la mort renforce la conviction que les zombis sont partout, d'autant que les croyances locales flirtent sans retenue avec le surnaturel : bon nombre de Haïtiens estiment que les décès ne sont jamais d'origine physiologique, que les maladies psychiatriques n'existent pas, que tout cela est le résultat de sorts ou de malédictions. L'ampleur du phénomène serait donc liée à la culture haïtienne – en particulier à son approche de la mort. Pour les Haïtiens, la notion de corps volé est primordiale. Dans la culture vaudoue, on considère que le mort retourne en Afrique, sa terre natale à laquelle il a été arraché par les esclavagistes. Il est donc crucial de réussir sa mort, car celui qui a péché risque d'être zombifié et de rester à jamais esclave dans les champs de canne à sucre haïtiens. Cette peur est donc omniprésente. En résulte nombre de conversions au christianisme pour fuir le vaudou et échapper à la magie noire. Ce glissement généralisé a un double effet sur les pratiquants du vaudou. D'une part il la marginalise, d'autre part il consolide l'idée qu'elle possède de réels pouvoirs. La religion vaudoue, en réalité très méconnue, est depuis longtemps victime d'une diabolisation teintée de néocolonialisme qui vise à anéantir ce que certains Occidentaux considèrent comme un culte satanique. Des évangélistes ont même accusé ses pratiquants d'être responsables du tremblement de terre de 2010, qui serait une punition divine en réponse à leurs rites diaboliques.

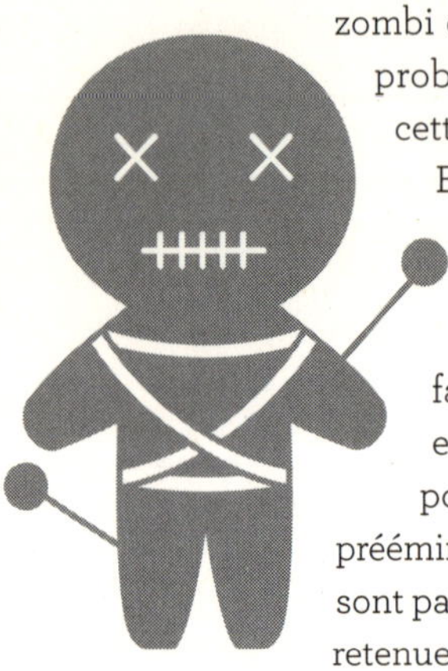

Clairvius Narcisse a clairement fait les frais de cette face obscure du vaudou et il a eu la chance de pouvoir quitter son état de zombi. Car les *bokors*, quand ils zombifient une personne, font en sorte qu'elle soit considérée comme morte. Et dans la loi haïtienne, rien ne permet de recouvrer une identité administrative à la suite d'un faux décès. Ce vide juridique empêche toute réinsertion dans la société, ainsi que la possibilité de voyager. Le cas de Clairvius Narcisse a changé la donne grâce à la médiatisation de son histoire. Des spécialistes, dont des avocats, se sont penchés sur le problème pour essayer de moderniser un Code civil qui date de 1826. Il faudrait aussi remettre en cause le système de certificat de décès. En France, des individus en état de mort apparente suite à une intoxication seraient clairement identifiés ; en Haïti aucune vérification médicale n'est requise pour certifier un décès. Normalement, deux témoins suffisent pour attester la mort, ce qui ouvre la porte à toutes les illégalités. Deux membres d'une famille impliqués dans l'empoisonnement d'un proche n'ont qu'à déclarer sa mort pour que ce dernier soit enterré vivant.

En somme, la zombification a encore de beaux jours devant elle. Clairvius Narcisse est toutefois une lueur d'espoir, démontrant qu'il existe un antidote : il a pu être soigné et reconstruire sa vie. Accompagnant Wade Davis dans plusieurs tournées universitaires, il a pu bénéficier de visas américains, a rencontré sa seconde femme et eu de nouveaux enfants.

Clairvius est décédé en 1994. Pour de bon cette fois. Et d'une mort tout ce qu'il y a de plus naturelle.

LA REPORTER

TINTIN au féminin

Tintin au féminin

Un lundi matin de l'année 1888, Nellie Bly traverse les bureaux du *New York World*, où résonne le brouhaha propre aux grandes rédactions. Des dizaines de journalistes, assis sur des chaises grinçantes, grattent du papier, s'injurient en rigolant ou se crient des tuyaux. Le sol tremble sous les pas pressés des garçons courant en tous sens pour apporter des épreuves et disparaissant dans la fumée des cigares. En fond sonore, le cliquetis métallique des caractères d'imprimerie.

« Alors, avez-vous des idées d'articles ? » demande le rédacteur en chef à Nellie Bly dès qu'elle franchit le seuil de son *office*.

Elle y a réfléchi une bonne partie de la nuit, pas plus capable de trouver le sommeil qu'une seule idée. Enfin si. Elle en a trouvé une...

« Je veux faire le tour du monde ! répond Nellie Bly du ton le plus sérieux qui soit.

— Vraiment ?

— Oui, et je veux le réaliser en moins de quatre-vingts jours. Je pense pouvoir battre Phileas Fogg. Me donnerez-vous ma chance ? »

Défier Phileas Fogg, le personnage inventé par le célèbre Jules Verne dans son roman *Le Tour du monde en quatre-vingts jours,* voilà une idée osée et originale. Quoique... Pas tant que ça, finalement. Le *New York World* y a déjà pensé, conscient de la publicité que cela occasionnerait pour le journal. Mais il n'a jamais été question d'envoyer une femme ! Nellie insiste et se rend avec le rédacteur en chef dans le bureau du directeur commercial.

Celui-ci n'y va pas par quatre chemins : « Vous n'y arriverez jamais ! Vous êtes une femme, vous aurez besoin d'un protecteur. Et même si vous voyagez seule, il vous faudra emporter tellement de bagages que cela vous ralentirait. En plus, vous ne parlez que l'anglais. Rien ne sert de discuter : seul un homme peut relever ce défi.

— Fort bien ! rétorque Nellie Bly. Alors je partirai en même temps que lui pour le compte d'un autre journal et soyez sûr que je le battrai. »
Ce n'est pas une provocation, mais un avertissement.
S'il y a bien une chose que Nellie Bly abhorre, c'est d'être réduite à son statut de femme et d'être, pour cette raison, jugée incapable d'accomplir quelque chose.
Elle n'est pas seulement une femme, elle est une personne à part entière, capable de réflexion. C'est d'ailleurs cette conviction qui l'a conduite à devenir la journaliste la plus célèbre des États-Unis.

Trois ans plus tôt, la rédaction du *Pittsburgh Dispatch* reçoit une longue lettre en réponse à un article intitulé « Ce à quoi les jeunes filles sont bonnes ».
Non, les jeunes femmes ne sont pas seulement bonnes pour procréer et garder la maison propre, elles peuvent et doivent également s'épanouir dans des activités intellectuelles ! Telle est la thèse défendue par l'expéditrice qui signe sa lettre « L'orpheline solitaire ». La grammaire et la ponctuation laissent assurément à désirer, mais la missive a une bonne dose de ferveur et d'esprit. De quoi piquer la curiosité du rédacteur en chef, George Madden, qui invite leur détractrice à le rencontrer dès que possible. Peu après, une fille coiffée d'une frange et à la dentition éclatante se présente, souriante bien qu'intimidée.

« Vous n'y arriverez jamais ! Vous êtes une femme, vous aurez besoin d'un protecteur. Seul un homme peut relever ce défi.

Elle s'appelle Elizabeth Jane Cochran, née le 5 mai 1864 dans une riche demeure bâtie sur les berges d'une jolie rivière, à quelques kilomètres d'Apollo, Pennsylvanie. Elle est le treizième enfant de Michael Cochran, entrepreneur prospère, et le premier de Mary Jane Cummings. Tout laisse alors penser qu'elle mènera l'existence d'une fille de bonne famille du XIXe siècle telle qu'elle est décrite dans les colonnes du *Dispatch* : dotée d'une jolie dot, elle se mariera à un homme travailleur qui assurera son avenir et à qui elle donnera une nombreuse progéniture. Mais la mort de Michael Cochran en 1870 en a décidé autrement. Le notable n'a pas laissé de testament et la loi stipule qu'une femme non désignée ne peut recevoir sa part

de l'héritage. Mary Jane, son épouse, s'est donc retrouvée sans le sou. Une vente publique des biens fonciers lui a toutefois permis de se voir allouer une pension annuelle de cinq cents dollars et de quoi s'occuper de ses trois enfants, soit un total de seize dollars par semaine. Une somme pas tout à fait misérable pour l'époque, mais qui représente indubitablement un désastre pour une famille habituée à vivre dans l'opulence. À l'exception d'un semestre à la State Normal School d'Indiana, « l'orpheline solitaire » n'a pas pu faire d'études supérieures par manque d'argent. Elle en nourrit un certain complexe, déclarant faussement au rédacteur en chef qu'elle a passé deux années dans les amphithéâtres et qu'une maladie cardiaque a interrompu son cursus. Depuis, elle occupe des postes de nourrice ou de domestique pour soutenir financièrement sa mère. Elle refuse de se fixer, espérant mieux de l'avenir, et emploie son temps libre à lire le *Pittsburgh Dispatch* et de nombreux romans.

Son profil plaît à George Madden qui lui demande de mettre en pratique ses idées. En bref, d'écrire un article. « Le mystère féminin » est publié le 25 janvier 1885 ; la journaliste en herbe y appelle à une réforme des lois matrimoniales au profit des femmes bafouées et maltraitées – elle en sait quelque chose, puisque sa mère s'est remariée à un vétéran alcoolique et brutal. Certes, la plume d'Elizabeth est encore faible, mais sa fougue est communicative et elle intègre les rangs de la gazette. Pour préserver sa famille des critiques, on lui trouve un pseudonyme qu'elle accepte avec plaisir : Nellie Bly, inspiré d'une chanson célèbre de l'époque.

Nellie déchante pourtant rapidement. Après plusieurs articles sur les conditions de travail et la vie des ouvrières qui ont provoqué l'ire des industriels, on ne lui confie plus que des rubriques de mode et de jardinage, avec quelques incursions dans les colonnes arts. Incapable de s'en satisfaire, elle décide de partir en 1886 au Mexique pour y être correspondante et accélérer sa carrière. Elle rapporte fidèlement le quotidien et les mœurs des Mexicains tout en essayant de ne pas s'attirer les foudres du régime autoritaire de Porfirio Díaz. Sa critique de l'emprisonnement d'un confrère la met cependant dans une situation fâcheuse ; convaincue qu'elle finira par être arrêtée, elle rentre aux États-Unis au bout de six mois. De retour à Pittsburgh, elle doit de nouveau écrire sur les derniers chapeaux sortis des fabriques. En mai 1887, lassée, elle envoie un billet à un collègue : « Je pars pour New York. Pensez à moi. »

Les mois passent et aucun New-yorkais n'entend parler de Nellie Bly. D'abord étourdie par la démesure architecturale, la foule et l'énergie de cette ville qui ne dort jamais, elle a vite commencé à user ses chaussures à Park Row, dans le sud de Manhattan, surnommé alors Newspaper Row[1] compte tenu du grand nombre de journaux qui y sont établis. Malgré un riche portfolio et son sourire envoûtant, les ascenseurs qui donnent accès aux bureaux des rédacteurs en chef lui restent inaccessibles, gardés par des vigiles qui prennent très à cœur leurs prérogatives. Le soir, devant son secrétaire, se prenant la tête entre les mains, elle se demande si elle ne va pas devoir retourner à Pittsburgh, vaincue, et continuer à écrire des articles de jardinage ou de mode. Voire se résoudre à ce qu'on attend d'une femme de condition moyenne, comme elle : se marier, avoir des enfants, occuper un emploi quelconque. Elle se sent à deux doigts d'abandonner.

Nellie Bly va-t-elle devoir se résoudre à ce faire qu'on attend d'une femme de condition moyenne, comme elle : se marier, avoir des enfants, occuper un emploi quelconque ?

4 octobre 1887.

Enfin libre ! Nellie Bly, à bord du bateau qui la ramène à Manhattan, sent la brise marine souffler dans ses cheveux. Jamais elle n'a pensé être aussi pressée de retrouver sa petite chambre exiguë et sombre de la 96e Rue Ouest.

Dix jours plus tôt, elle a été internée dans un hôpital psychiatrique de Blackwell's Island. Non pas à cause d'un coup de folie, mais en raison d'une idée folle.

1. « Allée des journaux ».

À bout de ressource, condamnée à quitter New York ou à élire domicile sous un pont, elle est parvenue à embobiner les gardes du *New York World* pour accéder au bureau du rédacteur en chef. Nellie lui a suggéré un sujet : partir en Europe et faire le voyage du retour sur l'entrepont du paquebot, parmi les immigrants. Intéressant, a concédé son interlocuteur, mais trop coûteux pour une nouvelle recrue. Il lui propose de s'infiltrer dans un asile d'aliénées pour rendre compte de ce qu'elle aura pu observer, aucun journaliste n'ayant à ce jour réussi à confirmer ou infirmer les rumeurs de maltraitance. Si elle y parvient, elle obtiendra un poste.

Après une nuit passée à s'entraîner devant son miroir pour simuler une mine hallucinée, Nellie s'est rendue dans une pension pour travailleuses où elle n'a eu aucun mal à se faire passer pour folle. Répétant à qui voulait l'entendre qu'elle était à la recherche de ses troncs, elle a trompé policier, juge et médecin, et a été emmenée au Blackwell's Island Hospital, sur Roosevelt Island, pour y recevoir des soins.

Et quels soins ! Promiscuité, bains d'eau glacée, nourriture avariée, absence de chauffage et maltraitances constituent le lot quotidien des pauvres patientes. À leur mauvaise santé s'ajoutent la mauvaise volonté des docteurs et la cruauté des infirmières.

« Quel traitement, si ce n'est la torture, vous rendrait plus vite folle ? » écrira-t-elle.

Car Nellie Bly soupçonne que nombre de ses compagnes d'infortune sont en réalité saines d'esprit ou détraquées par leurs conditions d'enfermement. À partir du moment où elle est entrée dans l'asile jusqu'à sa libération, elle n'a cessé de déclarer au médecin qu'elle avait toute sa tête. Celui-ci ricanait en guise de réponse.

Un avocat complice a fini par l'aider à quitter l'établissement. La journaliste s'en réjouit, mais n'en ressent pas moins de la tristesse pour les femmes qu'elle laisse derrière elle.

Les 9 et 16 octobre, Nellie Bly publie dans les colonnes du *New York World* un article en deux parties intitulé « Derrière les barreaux d'un asile ». Et elle signe son reportage – privilège normalement réservé aux éditorialistes réputés. Son texte fait sensation et est repris par de nombreux tabloïds à travers le pays. Le bureau du

procureur de New York diligente même une enquête. Nellie Bly s'apprête à bouleverser les codes du journalisme.

À la fin du XIXe siècle, chaque rédaction compte en général une seule femme, cantonnée aux rubriques dites de « société » : mode, jardinage, théâtre et mondanités. La politique, l'économie et l'actualité internationale restent inaccessibles au sexe féminin, jugé trop frivole pour ces sujets. Mais en publiant son enquête sur l'asile de Roosevelt Island, Nellie Bly change la donne. Sans le savoir, elle vient de démocratiser une nouvelle forme de journalisme : le *stunt journalism*, ou journalisme d'immersion. L'objectif n'est pas de rapporter objectivement des faits, mais de vivre de l'intérieur certaines situations pour mettre en lumière les injustices sociales. Une presse à la croisée du reportage et de l'enquête infiltrée. Avec le succès de son premier papier, la jeune femme inspire des vocations et de nombreux articles dans le même esprit fleurissent dans la presse new-yorkaise. Cependant, c'est la signature de Nellie Bly que les lecteurs attendent désormais de lire dans l'édition dominicale du *New York World.*

En publiant son enquête sur l'asile de Roosevelt Island, Nellie Bly change la donne. Sans le savoir, elle vient de démocratiser le journalisme d'immersion.

Joseph Pulitzer, qui donnera plus tard son nom à un prestigieux prix journalistique, a racheté le *New York World* en 1883. En quatre ans à peine, il a multiplié le tirage quotidien, passé de vingt mille exemplaires à plus de deux cent mille, faisant de sa gazette la plus populaire de la Grosse Pomme. La recette de son succès ? Des titres racoleurs, des histoires sensationnelles, l'ajout d'illustrations, des pages de jeux, un prix de vente bas et une mise en page serrée pour que les lecteurs en aient pour leur argent. Une ligne éditoriale que les concurrents conspuent, ignorant volontairement les articles de qualité que publie également le journal. En enrôlant Nellie Bly dans sa rédaction, Pulitzer a conscience du potentiel du *stunt journalism* : la dénonciation des abus, servie par un esprit progressiste et soutenue par une plume alerte, va sans doute séduire de nouveaux lecteurs. En effet, les ventes du *New York World* ne cessent de progresser et atteignent 345 808 exemplaires en mai 1889. Une réussite qui n'est pas étrangère à la production de Nellie Bly.

La jeune journaliste est devenue une vedette ; elle reçoit jusqu'à deux cents lettres par semaine, des demandes en mariage comme des menaces. Ce qui est sûr, c'est que ses articles ne laissent pas indifférents. La plupart de ses enquêtes cherchent à ouvrir les yeux des lecteurs sur le sort des plus défavorisés : elle dénonce la cupidité et l'inutilité des bureaux de placement qu'elle a pu documenter en se faisant passer pour une bonne en quête d'un emploi, elle partage le quotidien laborieux des ouvrières d'une usine de cartonnage, elle expose l'insalubrité des immeubles de rapport où s'entassent immigrants et miséreux. Un jour, elle piège un lobbyiste et démontre que plusieurs élus reçoivent des pots-de-vin pour amender ou supprimer des lois gênant des intérêts privés. Le reportage fait grand bruit, occasionnant un procès. Même si les accusés échappent à une condamnation, le lobbyiste fuit l'État et la réputation de Nellie Bly en sort grandie. Joseph Pulitzer lui conseille toutefois de ne pas s'enfermer dans un rôle de donneuse de leçons et elle traite aussi de sujets plus triviaux : ses cours dans une école de danse, les agences matrimoniales, les illusionnistes, etc. Elle ne se cantonne pas au *stunt journalism,* interviewant les épouses des candidats à l'élection présidentielle ou une militante luttant pour le droit de vote des femmes. Prête à tout, elle n'hésite pas à courir certains risques. Par exemple quand elle réalise une enquête sur un homme qui rôde à Central Park dans un attelage, menaçant de faire arrêter – grâce à la complicité de policiers – les jeunes femmes seules qui refusent de le suivre. L'individu en profite ensuite pour griser ses victimes afin de pratiquer sur elle des attouchements. Nellie Bly monte dans sa voiture pour le démasquer avec l'aide d'un photographe. Elle publiera son identité et son adresse dans le *New York World.*

Avant la Seconde Guerre mondiale, le journaliste est le seul domaine professionnel où les femmes peuvent faire carrière.

Dans les années 1930, son audace a inspiré la création de personnages fictifs comme les journalistes Torchy Blane ou Loïs Lane. La première, protagoniste d'une série de neuf films mêlant action, comédie et mystère, est quasiment inconnue en France, alors que Loïs Lane, la consœur de Clark Kent *alias* Superman, jouit d'une grande notoriété. Avant la Seconde Guerre mondiale et l'essor du féminisme, le journaliste est le seul domaine professionnel où les femmes peuvent faire carrière et sont présentées comme autonomes et intelligentes, à l'égal des hommes. De 1938 aux années 1950, en plein âge d'or des *comic books,* Loïs Lane est présentée comme la meilleure reporter de son journal, qui supporte mal d'être mise en concurrence avec Clark Kent et cherche à débusquer le superhéros qu'il est en réalité. Une personnalité proche de celle de Nellie Bly, source d'inspiration évidente, celle-ci ayant été la première femme à se faire un nom dans le milieu du journalisme à une époque où cet univers était exclusivement masculin – ce qu'il va d'ailleurs rester encore pendant plusieurs années. Nellie Bly est en quelque sorte une Loïs Lane sans Superman, prenant des risques tout en sachant qu'aucun surhomme ne viendra la sortir d'un mauvais pas. C'est elle qui a permis au superhéros de la presse, Pulitzer, de réussir son meilleur coup. Après un pic des ventes au cours de l'été 1889, le magnat est à la recherche d'une opération publicitaire qui lui permettrait d'augmenter encore le tirage. Il lui faut également financer, pour accueillir les nouveaux bureaux du *New York World,* la construction d'un gratte-ciel – le plus haut jamais construit à New York. Il ne sera pas surmonté d'un globe, comme celui du *Daily Planet,* mais d'un très chic dôme en cuivre doré. Le planisphère aurait toutefois très bien convenu, compte tenu de la mission qu'il s'apprête à confier à sa journaliste vedette.

Nellie Bly est en quelque sorte une Loïs Lane sans Superman, prenant des risques tout en sachant qu'aucun surhomme ne viendra la sortir d'un mauvais pas.

11 novembre 1889.
Cela fait déjà un an que Nellie Bly a suggéré de faire le tour du monde. Convoquée en urgence dans le bureau de Joseph Pulitzer, elle se demande quelle faute elle a bien pu commettre ? Aucune. Elle a juste trois jours pour se préparer à effectuer un périple de quarante-cinq mille kilomètres. Le 14, elle montera seule à bord de l'*Augusta Victoria,* un paquebot transatlantique qui la conduira à Southampton, première étape de son périple. Dans un mélange d'angoisse et d'impatience, la journaliste court aux quatre coins de la ville pour être prête à temps. Pour donner tort au directeur commercial du *New York World,* elle se fait tailler une robe sur mesure capable de supporter les épreuves qu'elle aura à traverser et emporte uniquement un bagage à main qu'elle portera *seule* pour éviter de perdre du temps lors des transferts. L'idée qu'une femme a besoin d'une malle et de porteurs pour

faire voyager sa garde-robe est révolue ! L'itinéraire prévoit un total de soixante-quinze jours pour réussir la circumnavigation, mais c'est sans compter les imprévus qui ne manquent jamais d'arriver dans ce genre de voyages : retard d'un train ou d'un bateau, panne, tempête en haute mer et autres avaries imaginables. Nellie Bly peut également tomber malade..., ce qui ne va pas tarder à se produire, d'ailleurs.

« Et elle veut faire un tour du monde ! » ricane un voyageur quand Nellie Bly se rue sur le bastingage du bateau pour vomir à peine celui-ci sorti du port, quand il affronte les premières vagues un peu importantes. La journaliste vient de découvrir qu'elle n'a pas le pied marin. Son premier jour de navigation est un chemin de croix, ponctué par ses courses jusqu'au pont pour se soulager. Heureusement, cela ne dure pas et elle peut ensuite profiter de la traversée à l'heure des paquebots transcontinentaux. Dotée d'un billet de première classe, elle peut savourer à volonté des mets rares et délicieux, a accès à une grande bibliothèque et à un luxueux salon où se retrouvent les passagers pour discuter et écouter un orchestre. Dans ses écrits, Nellie Bly, qui a pourtant proposé un reportage sur les migrants pauvres qui franchissent l'Atlantique, ne fera aucune allusion à ceux qui partagent sa traversée dans des conditions inhumaines. Peut-être se sent-elle coupable.

Même si elle arrive à Southampton avec seize heures de retard sur l'horaire prévu, elle peut, en France, faire un détour par Amiens pour rencontrer Jules Verne, le créateur de Phileas Fogg, cet Anglais imperturbable qu'elle s'est donné pour défi de battre. L'écrivain français, devenu célèbre avec son premier roman *Cinq semaines en ballon*, a coutume d'évoquer les progrès de la science moderne dans ses récits. En 1869, l'achèvement du canal de Suez ouvrant une voie directe entre l'Europe et l'Asie, et celui du chemin de fer reliant les côtes Est et Ouest des États-Unis ont rendu possible un tour du monde en un temps record. Des

publications avançaient le nombre de quatre-vingts jours. Il n'en a pas fallu plus pour inspirer Jules Verne, qui publie en 1873 son *Tour du monde*, un des livres les plus lus et les plus traduits de l'histoire de la littérature.

Après une agréable discussion devant la cheminée, Jules Verne montre à Nellie Bly une mappemonde sur laquellle est tracé au crayon l'itinéraire de Phileas Fogg. Il y ajoute celui de la jeune reporter, qui doit être plus rectiligne si tout se passe comme convenu. Le temps est compté et les adieux arrivent vite : « Si vous le faites en soixante-dix-neuf jours, je vous applaudirai des deux mains », déclare Jules Verne avant de lui souhaiter : « *Good luck !* » Nellie comprend alors que l'auteur a du mal à croire qu'elle pourra boucler son périple en soixante-quinze jours. Ce qu'elle ignore, c'est qu'elle ne doit pas seulement se mesurer à un personnage de fiction, mais qu'elle va aussi avoir à affronter une personne en chair et en os.

« Si vous le faites en soixante-dix-neuf jours, je vous applaudirai des deux mains », déclare Jules Verne.

« Vous allez perdre, lui déclare tout de go l'agent de l'Occidental & Oriental Steamship Company, à Hong Kong.

— Comment ça ? répond Nellie Bly, surprise. Je ne le pense pas. J'ai rattrapé mon retard.

— Vous allez perdre.

— Perdre ? Je ne comprends pas. Que voulez-vous dire ?

— Ne faites-vous pas une course autour du monde ?

— Oui, vous avez absolument raison. Je fais une course contre la montre.

— Lamontre ? Je ne crois pas qu'elle s'appelle comme ça !

— Elle ? »

En effet, le nom auquel fait allusion l'employé n'est pas « Lamontre », mais « Elizabeth Bisland ». Cette femme est partie avec huit heures de retard sur Nellie Bly, pour la bonne et simple raison qu'elle n'a appris que le 14 novembre qu'elle serait de l'aventure. Journaliste elle aussi, mais pour le *Cosmopolitan*, un mensuel dans lequel elle tient une rubrique littéraire, Bisland a été dérangée au saut du lit par un garçon du bureau qui lui demandait de se rendre urgemment à la rédaction. On lui a appris que le patron l'envoyait faire le tour du monde pour battre Nellie Bly. Beaucoup plus calme et moins attirée que sa consœur par la célébrité, elle a refusé, mais une menace de licenciement l'a fait changer d'avis. En fin de journée, elle est partie en train à Chicago. Le directeur du *Cosmopolitan* a prévu que, en partant par l'ouest, elle serait moins gênée par les conditions climatiques que sa concurrente, qui a commencé son voyage vers l'est.

Apprendre qu'elle doit affronter une autre femme stupéfie Nellie Bly, qui soupçonne même le *New York World* d'être à l'origine de ce coup fourré. Même si elle a rattrapé ses trois jours de retard et gagné deux jours sur son itinéraire initial, elle doit rester cinq jours à Hong Kong ! Elle essaye d'abord de se convaincre qu'elle ne fait la course qu'avec Phileas Fogg, mais se trouve vite rattrapée par sa fierté. Errant sur les quais encombrés de dockers chinois et de coloniaux en costumes en lin, elle se dit que rien n'est encore joué.

Londres. Amiens. Calais. Brindisi. Port-Saïd. Ismaïlia. Suez. Aden. Colombo. Penang. Singapour. Hong Kong. Yokohama. « Il ne voyageait pas, il décrivait une circonférence », écrit Jules Verne à propos de Phileas Fogg dans son roman. Des mots qui s'appliquent parfaitement au périple de Nellie. Si elle séjourne cinq jours en Chine et cinq jours au Japon, la reporter ne fait qu'apercevoir les lieux qu'elle traverse. Le 7 janvier 1881, elle entame l'avant-dernière partie de son voyage : la traversée de l'océan Pacifique pour rallier San Francisco. « Pour Nellie Bly / Nous gagnerons / Ou nous mourrons », a fait inscrire l'ingénieur en chef sur les machines. Mais ce n'est pas lui qui décide ! Si l'explorateur Magellan a nommé « pacifique » la plus vaste étendue d'eau au monde après y avoir navigué trois mois par temps calme, aucun océan n'est plus belliqueux que celui-là.

Après trois jours de ciel bleu, l'horizon s'obscurcit et l'air se charge d'électricité. Sans crier gare, une tempête se déchaîne, faisant de l'*Oceanic* le jouet des éléments. Nellie Bly et les autres passagers

qui se prélassaient sur le pont se précipitent dans leurs cabines, jetés contre le mur des couloirs par le violent tangage. Une pluie drue, dure et glacée frappe sans discontinuer les marins qui peinent à conserver leur équilibre. Un seul faux pas suffit pour passer par-dessus bord et se faire engloutir par cette immensité froide et profonde. Les *stewards*, le visage défait, tentent de rassurer les voyageurs... et de se rassurer aussi. Beaucoup font des signes de croix, redoutant de ne jamais voir ou revoir les côtes américaines. Nellie Bly a peur elle aussi, mais ne sait pas vraiment si elle craint pour sa vie ou si elle s'inquiète du retard qu'occasionnera le mauvais temps. « La tempête ne durera pas », affirme pourtant le capitaine.

L'équipage tente de rassurer les voyageurs... et de se rassurer aussi. Beaucoup font des signes de croix, redoutant de ne jamais voir ou revoir les côtes américaines.

Mais la tempête dure. Pendant des jours et des jours, les passagers restent cloîtrés, passant de leur lit aux toilettes pour se soulager de l'interminable roulis. La journaliste n'a plus souffert du mal de mer depuis sa traversée de l'Atlantique et monte sur le pont pour observer le spectacle de l'océan déchaîné. Ce qu'elle découvre la laisse sans voix. Les vagues arrivent vers elle comme des murs sur lesquels va se briser le paquebot. Puis la proue monte, monte. Le bateau semble prêt à s'envoler avant de retomber avec fracas dans l'écume, semblant prêt maintenant à s'enfoncer dans les abysses.

Le mauvais temps finit toutefois par cesser et l'*Oceanic* parvient à destination avec seulement un jour de retard. La baie de San Francisco et le Golden Gate se profilent au loin. Nellie va accomplir la dernière étape de son voyage.

Envoyer une jeune femme faire le tour du monde est une idée osée – « même pour des Américains », a commenté Jules Verne dans une interview. À New York, le projet a séduit le lectorat du *World*, mais Pulitzer sait que les gens se lassent d'une chose tout aussi vite qu'ils se sont pris de passion pour elle. Pour continuer à susciter l'intérêt autour de Nellie Bly, il a donc imaginé un jeu concours par le biais d'un coupon à remplir. Il s'agit d'estimer la durée du voyage de la jeune reporter. Avec à la clé un voyage tous frais payés en Europe pour l'heureux gagnant. Les ventes du journal ont explosé, la rédaction a reçu près d'un million de coupons et a dû embaucher pour faire face au surplus de travail qui en a découlé. Tous les journaux américains ont repris les comptes rendus des aventures de Nellie Bly.

La jeune femme ne le sait pas encore, mais tout le pays a commenté son périple et l'attend avec impatience. Circulant à bord d'un train affrété spécialement par Pulitzer, Nellie est heureuse d'être de retour. Même si elle n'a pas eu de mal à se faire comprendre à travers le monde, son itinéraire passant principalement par des colonies britanniques, elle a rapidement pris conscience de l'amour qu'elle porte à sa patrie. Dans chaque ville où son train s'arrête, la journaliste est accueillie par des hourras bruyants et les quais sont bondés de gens ayant attendu des heures juste pour la saluer. Elle se montre alors sur la plateforme arrière, serre la main de ses admirateurs et signe des autographes.

Pour la première fois, le record de l'excentrique Phileas Fogg a été vaincu. Avec huit jours d'avance... et par une femme.

Quatre jours plus tard, le 25 janvier dans l'après-midi, le train s'arrête avec fracas dans la gare de Jersey d'où la jeune femme est partie un peu plus de deux mois plus tôt. Depuis le matin, les policiers s'efforcent de contenir une foule de plus en plus compacte ; des milliers de gens attendent, désormais dans un silence profond, que Nellie Bly sorte de son wagon. Quand elle pose le pied sur le quai, la marée humaine hurle comme un seul homme et les canons de la ville tirent plusieurs coups, donnant à son retour un air de fête nationale.

Et Elizabeth Bisland ? La rivale malgré elle de Nellie Bly arrive quatre jours plus tard, après avoir été retardée à Hong Kong et avoir affronté un océan Atlantique déchaîné. Aucun chronométreur officiel n'est présent pour définir précisément la durée de son voyage.

« Père Temps déclaré vaincu » titre le 26 janvier le *New York Wold* : Nellie Bly a réalisé son tour du monde – 40 070 kilomètres – en 72 jours, 6 heures, 11 minutes et 14 secondes. Pour la première fois, le record de l'excentrique Phileas Fogg a été vaincu. Avec huit jours d'avance... et par une femme[2].

2. Un certain George Francis Train avait accompli un tour du monde en quatre-vingts jours en 1870, mais pas d'affilée. En effet, il fut emprisonné à Marseille, après avoir participé à une grève.

Nellie Bly s'était fixé quatre objectifs dans sa vie.
Le premier était de travailler pour un journal new-yorkais. Elle l'a largement atteint, devenant la journaliste la plus appréciée du *New York World* et peut-être des États-Unis. Pourtant, quand elle rentre de son tour du monde, elle doit affronter la concurrence des *stunt girls*, ou cascadeuses, des femmes journalistes prêtes à tout pour se faire un nom dans la presse à sensation. Elle parvient difficilement à conserver sa place de vedette.
Elle voulait aussi tomber amoureuse et épouser un millionnaire. Elle fait un coup double en se mariant à Robert Seamon, un riche entrepreneur en métallurgie. Elle arrête d'écrire, voyage, mène la grande vie puis, à la mort de son mari en 1904, reprend les rênes de l'Iron Clad Company. Énergique et pleine d'idées, elle est malheureusement victime d'un comptable escroc qui détourne l'argent de l'entreprise. Elle fuit en Europe pour échapper aux créanciers. Elle revient des années plus tard affronter les tribunaux. Elle est lavée de tout soupçon mais ruinée. Elle reprend alors la plume pour l'*Evening Journal*.
Et son dernier objectif ? C'était de réformer le monde. De loin le plus ambitieux. Dans sa nouvelle colonne, elle milite notamment contre la peine capitale et attire l'attention de ses concitoyens sur les plus mal lotis en faisant appel à leur générosité. Une cause pour lequel elle retrouve la fougue de ses vingt ans. Elle permet ainsi à des orphelins de trouver un foyer, à de pauvres gens de quoi subvenir à leurs besoins.
Mais son plus grand succès reste à jamais l'engouement que les articles de sa jeunesse ont suscité. La notoriété de Nellie Bly lui survit – elle meurt en 1922 d'une pneumonie – et elle deviendra un modèle pour de nombreuses femmes qui se rêvent journalistes ou souhaitent se faire une place dans un monde longtemps réservé aux hommes.

Nellie Bly aura ainsi réalisé tous ses rêves.

LE BRAQUEUR

BRAQUAGE
à la française

Braquage à la française

Une chose manque dans le Salon carré du Louvre ce matin du mardi 22 août 1911. Et non des moindres.

Le peintre Louis Béroud et le graveur Frédéric Laguillermie se tiennent devant un pan de mur rouge qui offre un espace désespérément nu entre plusieurs tableaux. Ils semblent perdus dans la contemplation des quatre crochets qui auraient dû maintenir *La Joconde*. Un gardien traverse la pièce d'un pas tranquille.

« Où est Mona Lisa ? demande Béroud.

– Certainement à l'atelier photographique », répond le brigadier avant de s'éloigner.

C'est possible. Se faire tirer le portrait est encore un luxe en 1911, et le gouvernement a signé un accord avec la maison Adolphe Braun & Cie pour faire photographier les œuvres du Louvre sans qu'il en coûte un franc au musée. Leurs employés sont autorisés à décrocher les tableaux et à les déplacer à leur guise.

Un quart d'heure s'écoule et la belle ne revient pas. Les deux artistes, inquiets, demandent qu'on aille vérifier au studio.

La Joconde n'y est pas.

Très vite, des pas pressés font grincer le parquet des couloirs et des galeries. Gardiens et conservateurs fouillent les moindres recoins du musée, affichant des sourires crispés pour les visiteurs qui déambulent entre les œuvres.

Peu avant 15 heures, le Louvre est évacué sous le prétexte d'une fuite d'eau. Mais les curieux qui s'amassent derrière les grilles ne manquent rien du ballet de policiers et d'officiels. Et se doutent très vite que la fuite est tout autre.

Le lendemain, la presse confirme la rumeur : le tableau le plus célèbre du monde s'est fait la malle.

La France cuit sous un soleil caniculaire et ne parle que d'une probable guerre avec l'Allemagne quand on découvre que *La Joconde* a disparu. Que le Kaiser[1] ait envoyé des canonnières au large du Maroc pour refréner les ambitions coloniales hexagonales semble subitement secondaire ; le monde sans frontières de l'art vient de subir une offense beaucoup plus grave. On croit d'abord à une mauvaise blague, puis on doit se rendre à l'évidence ; il s'agit bel et bien d'un vol.

L'enquête révèle de nombreuses et peu agréables surprises. Aussi incroyable que cela puisse paraître, on a pris conscience du larcin près d'un jour après qu'il a été accompli. Seuls les copistes et les visiteurs munis de passe-droits peuvent accéder au musée le lundi, jour de fermeture au public. Mais en cette période de vacances, alors qu'une chaleur intense règne sur la capitale, une quinzaine de personnes seulement s'y sont rendues, et pas pour les beaux yeux de Mona Lisa puisqu'aucune d'elles n'a rien remarqué d'anormal. Et les gardiens ? Non plus. On apprend cependant qu'ils ne sont que deux à assurer la sécurité de tout l'étage et que le Louvre ne choisit pas les employés chargés de la surveillance des œuvres. Cette sélection revient au ministère des Armées, qui préfère envoyer dans les musées de Paris leurs plus mauvais éléments ; l'absentéisme y est la norme et il n'est pas rare que les gardiens piquent un somme entre deux rondes. Le Louvre est dans un désordre sans nom. Partout, des portes qu'on ne prend pas la peine de verrouiller donnent sur des couloirs secrets et des réduits encombrés de copies et d'œuvres mises en réserve. À disposition du premier venu, pourrait-on dire. En effet, les vols sont fréquents dans les magasins. Mais aucun pilleur n'a encore été assez hardi pour se servir dans une salle d'exposition.

Malgré les évidents manquements de l'administration, on ne peut douter que le voleur soit un professionnel et il a certainement joui d'une complicité interne. Le coup est trop bien réalisé, millimétré. Selon la reconstitution des faits, l'homme n'a pas mis plus de quinze minutes,

1. Mot allemand signifiant « empereur » et titre porté par les empereurs allemands de 1871 à 1918.

entre 7 heures et 7 h 15 le lundi matin, pour accomplir son forfait. Mais aucun crime n'est parfait et on trouve plusieurs indices : une empreinte de pouce bien grasse sur le verre qui recouvrait le tableau et une poignée de porte forcée dans un fossé. Alphonse Bertillon, criminologue et inventeur en 1883 de l'anthropométrie judiciaire, est appelé à la rescousse. Toutes les personnes qui travaillent ou ont travaillé au Louvre dans l'année qui vient de s'écouler sont interrogées et leurs empreintes relevées – « bertillonnées », comme on dit. En vain. Le voleur et *La Joconde* restent introuvables.

Malgré la valeur inestimable du tableau, on suppose que le vol a été accompli pour être revendu. Un milliardaire américain peut tout à fait avoir commandité le larcin dans le but d'agrémenter sa collection personnelle. Pendant les mois qui suivent, la police travaille sur des dizaines de pistes ; on fait fouiller des paquebots en partance pour les États-Unis, on se lance à la recherche de fantômes, on arrête même le poète Guillaume Apollinaire parce qu'il a fréquenté un vaurien qui s'est vanté d'avoir subtilisé des statuettes au Louvre. Tous ces efforts n'aboutissent à rien. Tandis que Paris est inondé de cartes postales humoristiques illustrant avec beaucoup d'esprit la disparition de Mona Lisa, le dossier grossit, grossit… puis finit par prendre la poussière. Signe de résignation ultime, l'emplacement qu'on a laissé vide dans l'espoir de la voir revenir est désormais comblé par le *Portrait de Baldassare Castiglione*, une œuvre de Raphaël au format similaire. Les journaux ne perdent pas une miette de ce feuilleton qui leur permet de vendre du papier et relègue le risque d'une guerre avec l'Allemagne à la deuxième page. Les lecteurs se montrent friands de ce genre d'affaires, comme en témoigne la naissance d'hebdomadaires comme *Les Faits divers illustrés* ou *L'Œil de la police*, précurseurs du *Nouveau Détective* fondé en 1928. Mais qui a bien pu voler *La Joconde* ? Chaque publication y va de sa théorie, interférant avec l'enquête officielle en proposant des récompenses et privilégiant l'hypothèse d'un voleur associé à une bande criminelle internationale – la plus romanesque. Elles inventent un nouvel Arsène Lupin[2], anticipent un

2. Personnage de fiction inventé par l'écrivain Maurice Blanc. Il est l'incarnation du gentleman cambrioleur. Il fait sa première apparition en 1905, dans une nouvelle publiée par le magazine *Je sais tout*.

Albert Spaggiari[3] ou fantasment sans le savoir une équipe conduite par Daniel Ocean[4].

Le journal *Comoedia* du 26 août 1911 brosse un portrait plus sombre du voleur, représenté sous les traits d'un personnage démoniaque, une sorte de Keyser Söze[5] de la Belle Époque : « Il y a quelque part, dans un taudis ou dans un logis luxueux, un homme abominable, qui se repaît d'un viol à la Beauté souveraine, et qui se rit de la douleur de tout ce que l'humanité conserve d'esprits nobles et de cœurs bien placés. Il tient entre ses pattes, sous son regard de fou, une des plus nobles captives qui furent jamais. Il songe à l'or ou à la vengeance, et il ne sent pas la colère de l'univers entier peser sur ses épaules. Peut-être est-il en train de rire, et ce rire effroyable est le moins atroce des aspects sous lequel il nous apparaît dans le cauchemar dont il nous a torturés depuis six jours déjà. Peut-être a-t-il un revolver sur sa table, ou dans sa poche – et n'a-t-il pas conscience du seul usage qu'il en devrait faire. »

« Il y a quelque part, dans un taudis ou dans un logis luxueux, un homme abominable, qui tient entre ses pattes, sous son regard de fou, une des plus nobles captives qui furent jamais.

Le 10 décembre 1913, introduits par des carabiniers, les inspecteurs Vignolle et Barbieri pénètrent dans la petite salle d'interrogatoire de la prison de Murate. Assis sur une chaise, menotté, se tient un petit homme dépassant à peine le mètre soixante, de constitution chétive. On pourrait le croire affaibli par le régime carcéral, mais il a été arrêté depuis peu et il est bien traité. Habillé proprement, ses vêtements bon marché laissent deviner qu'il ne mène pas grand train. Son visage est fin, agréable, et barré d'une petite moustache aux pointes bien dessinées. C'est donc lui le voleur de Mona Lisa ! La première impression est décevante : on s'attendait à un criminel aguerri, aux traits burinés, au regard menaçant, au moins un peu fanfaron. Mais Vincenzo Peruggia n'offre rien de tout cela.

---

3. Auteur de ce que les médias ont surnommé le « casse du siècle », celui de l'agence principale de la Société générale de Nice, pour un butin de cinquante millions de francs qui n'a jamais été retrouvé.
4. Personnage principal de la série *Ocean's Eleven*.
5. Le criminel manipulateur et sans pitié du film *Usual Suspects*.

L'Italien est né en 1880 à Dumenza, un village près de Côme. À douze ans à peine, il part s'installer à Milan pour gagner sa vie et apprend le métier de peintre en bâtiment. Après sa majorité, il vit plusieurs années en France, à Lyon puis à Paris, mais il doit rentrer au moins deux fois dans son pays en convalescence, car il est atteint d'intoxication au plomb – ce qui explique son apparence fragile. Réformé de ses obligations militaires et guéri, il se réinstalle à Paris en 1908. Il habite ensuite une cité ouvrière et exerce comme peintre. Il est connu des services de police, mais pour des méfaits mineurs : il aurait volé et cassé un tuyau de terre cuite à Mâcon, menacé une prostituée trop entreprenante à Paris. Chaque fois, il était ivre. Peruggia ne semble donc pas bien dangereux – sauf peut-être pour lui-même. Questionné par les enquêteurs, il révèle qu'il a enlevé le tableau dans le but de rendre à l'Italie l'œuvre d'un de ses plus illustres enfants. Il semble ignorer – ou tout au moins considérer ces points comme hors de propos – que l'Italie était, au début du XVIe siècle, un assemblage de royaumes fratricides, que *La Joconde* a été achetée légalement par un roi français et que la plupart des pièces d'art volées par Napoléon ont été rendues en 1815. À l'aube de la Première Guerre mondiale, dans un climat de tension propice aux nationalismes, on fait feu de tout bois pour exalter son pays. Ce n'est pas pour rien qu'*Action Française*, quotidien d'extrême droite tout ce qu'il a de plus patriote, ne peut s'empêcher de témoigner quelque sympathie pour ce voleur si fier de son drapeau. Il a agi seul, sur un coup de tête. Il assure qu'il ne savait même pas qu'il allait prendre *La Joconde ;* il souhaitait choisir une peinture italienne et c'est la petite taille de Mona Lisa qui l'a décidé. Ensuite, il l'a gardé chez lui, dans un réduit, d'où il la sortait de temps à autre pour l'admirer. Il en a pris le plus grand soin, lui ayant même fabriqué une boîte pour la garder à l'abri de l'humidité. Puis il a attendu que l'affaire se tasse afin de rapporter sans risque l'*opus magnum* de Léonard au bercail. Les policiers français ont du mal à le croire. La perquisition de son appartement parisien a permis de découvrir un carnet rempli d'adresses

d'antiquaires. Interrogées, de nombreuses personnes l'ayant côtoyé ont affirmé qu'il se disait sur le point de devenir riche. Et s'il a été interpellé, c'est tout bonnement parce que l'antiquaire florentin à qui il voulait vendre le tableau cinq cent mille francs l'a dénoncé. Un patriote peut-être, mais un patriote cupide !
Vignolle et Barbieri lui demandent alors de relater comment s'est déroulé le vol.

Très tôt le lundi 21 août 1911, Vincenzo Peruggia quitte son logis, une simple pièce meublée d'un lit en fer, d'un petit fourneau et d'une cuvette en zinc. Au mur, près de la porte, une photographie du dôme de Milan lui rappelle son Italie natale au moment où il en franchit le seuil. Les rues sont encore désertes, mais les ouvriers ne vont pas tarder à se rendre à leur travail et les bourgeois qui n'ont pas quitté la capitale vont envahir les terrasses des cafés pour y prendre le petit déjeuner. Il marche d'un pas leste mais assuré.
À 7 heures, une blouse blanche sous le bras, Vincenzo pénètre dans l'enceinte du musée par la porte des ouvriers qui donne sur le quai du Louvre. Elle est déjà ouverte pour ne pas gêner le va-et-vient des travailleurs. Il traverse la cour pavée pour rejoindre le vestibule principal et franchit une volée de larges marches gardée par la *Victoire de Samothrace*. Sans bras ni tête, ce n'est pas cette statue qui pourrait le dénoncer. Peruggia emprunte les escaliers et arrive à la salle des Sept-Mètres. Il la traverse silencieusement, sans un regard pour les œuvres italiennes qu'elle abrite, et débouche dans le Salon carré, drapé de velours et tapissé de tableaux.
La Joconde. La voilà ! Ému, l'homme ne peut détourner ses yeux de ceux de Mona Lisa, de son sourire. Elle semble pourtant minuscule sous *Le Repas chez Simon le Pharisien* et face aux *Noces de Cana*, deux gigantesques compositions de Véronèse. Vincenzo se reprend, va jeter un coup d'œil dans la galerie d'Apollon puis dans la petite salle des ventes attenantes : désertes toutes les deux. C'est ce qu'on appelle avoir de la chance. Pour le moment.
Quand il se saisit de *La Joconde*, une clé tombe sur le parquet. Un silence absolu règne, et le bruit retentit aux oreilles du voleur comme un coup de feu. L'homme part en courant et s'engouffre dans un escalier de service dont l'accès est ouvert. Le cœur battant à tout rompre, les mains tremblantes, il est sur le point d'abandonner. Mais aucun bruit ne lui parvient. La chute de la clé semble n'avoir alerté personne. Peruggia

sort de sa cachette, va décrocher le tableau et rejoint les escaliers de service. Avec son cadre et le verre qui la protège, la peinture est trop imposante et trop lourde pour qu'il puisse aller plus loin. Il s'accroupit et, à l'aide d'un tournevis, délivre l'œuvre de ses atours.

Peruggia laisse le tableau sur le palier et descend vérifier si la porte est ouverte pour s'échapper par la cour Visconti qu'il a traversée plus tôt. Fermée. Plein de ressources, il ressort son outil pour enlever la serrure mais ne parvient qu'à casser la poignée.

Des pas…

Quelqu'un descend les escaliers qui donnent sur le toit ; il verra nécessairement *La Joconde* qu'il a laissée telle quelle, sans prendre soin de la tourner vers le mur. La chance le quitte, il est pris.

Mais non… L'homme ne porte aucune attention au tableau – des copies traînent souvent dans les couloirs – et prend le voleur pour un ouvrier, comme lui.

« Qu'est-ce que tu fais là ? demande-t-il à l'Italien.

— J'attends que quelqu'un passe pour ouvrir, car la porte est fermée », répond Peruggia.

Le travailleur sort une clé de sa poche et déverrouille l'issue en s'exclamant : « Tiens, ils ont enlevé le bec-de-cane… Tu la fermeras en t'en allant ! »

Peruggia remonte les marches, cache la peinture sous sa blouse et repart par la porte qui donne sur le quai du Louvre, comme si de rien n'était. Il croise le concierge qui rentre dans sa loge, son balai à la main. Celui-ci ne lui adresse pas un regard. Le voleur essaie d'adopter la démarche d'un flâneur pour ne pas éveiller les soupçons. En glissant la main dans sa poche, il s'aperçoit qu'il y a mis la poignée cassée. Il ne va quand même pas la garder, ce serait malhonnête ! Il la jette dans le fossé avant de prendre un omnibus pour rentrer chez lui. Il doit se hâter pour ne pas arriver trop en retard à son travail.

Mais ce n'est pas tout à fait la version que Peruggia donne aux enquêteurs. Il dit qu'il est entré par les escaliers de service – et non pas seulement sorti –, omet l'épisode de la clé et affirme que l'ouvrier derrière lequel il s'est glissé ne l'a pas vu, désireux de ne pas mettre un ancien collègue dans la panade. Cette dernière explication, il la livrera bien plus tard…

S'il y a eu des manquements du côté de l'administration du musée, la police n'est pas en reste. En effet, l'Italien a travaillé au Louvre de novembre 1909 à janvier 1910, donc l'année qui a précédé le vol, et il a participé à la campagne de mise sous verre des tableaux du Salon carré. Qu'il ait été aussi rapide à retirer la protection qui entourait *La Joconde* n'a donc rien de bien surprenant. Si son empreinte avait été relevée, on aurait tout de suite vu qu'elle correspondait à celle laissée sur le verre et l'enquête aurait été bouclée en une semaine à peine. Mais Peruggia ne s'est pas présenté aux convocations de la police et personne n'a jugé bon de l'y contraindre. Un rapport daté du 29 novembre 1911 disculpe l'Italien malgré cette désobéissance et son retard de deux heures à son travail, le jour du vol. Un policier est venu l'interroger chez lui, à quelques pas du tableau ; il l'a trouvé bonnard, cet ouvrier !

C'est donc tout ? Peruggia est entré au Louvre comme dans un moulin, a volé le plus célèbre des tableaux, est rentré chez lui et a attendu deux ans avant de tenter de le vendre à un antiquaire italien. Selon le voleur, c'est bel et bien tout. Et selon *Le Gaulois* du 14 décembre 1913, il faut accepter cette version des faits : « L'événement est fait pour couvrir de confusion les Sherlock Holmes mondains qu'on rencontrait dans les salons, dans les dîners en ville, et partout où la mystérieuse disparition fut l'objet d'interminables bavardages. Une fois de plus, la vérité s'est trouvée ce qu'elle est presque toujours : simple, d'une simplicité enfantine. Et l'explication, dont personne ne voulait, en raison même de sa simplicité, apporte un démenti brutal à ce ramassis d'inventions romanesques. La *Joconde* a été volée par un voleur qui l'a volée comme on vole : pour la vendre. Les plus folles équipées, quand on y regarde de près, sont ce qu'on peut imaginer de plus banal, de plus vulgaire et de plus plat ».

S'il y a eu des manquements du côté de l'administration du musée, la police n'est pas en reste. Peruggia ne s'est pas présenté à ses convocations et personne n'a jugé bon de l'y contraindre.

Le 5 juin, Vincenzo Peruggia entre menotté dans la grande salle du tribunal de Florence, tout juste rénovée et envahie par une odeur de vernis. Deux carabiniers le guident jusqu'à la cage réservée aux accusés. Amaigri et pâle, il respire pourtant la tranquillité. Les témoins

se succèdent à la barre ; tous sont d'accord pour dire que Vincenzo Peruggia a agi pour son enrichissement personnel. Tous sauf un, le spécialiste qui a interrogé l'ouvrier et qui a conclu qu'il n'est qu'un simple d'esprit, suffisamment intelligent pour mener une vie normale mais trop peu pour prendre conscience de la complexité du monde. Voilà pourquoi le voleur ne comprend pas qu'une œuvre peinte en Italie par un Italien ne revienne pas dans son pays d'origine. C'est sur ce patriotisme naïf que ses avocats concentrent leur plaidoirie.

La presse française consacre à peine quelques lignes à l'événement : maintenant que la *Joconde* est rentrée au Louvre, Peruggia a cessé de passionner les foules. Il n'a décidément pas l'étoffe d'un grand criminel. Vincenzo Peruggia est reconnu coupable de vol avec circonstances atténuantes – sa simplicité d'esprit – et condamné à un an et quinze jours de prison. Après un appel, la cour de Florence réduit sa peine à sept mois et il est libéré sur-le-champ le 29 juin 1914.

La journée est belle et chaude quand Peruggia sort de l'ancienne abbaye de Murate reconvertie en pénitencier. Le soleil inonde les pavés et fait scintiller les eaux de l'Arno, rappelant à l'homme fraîchement sorti de captivité ce jour pas si lointain où il a accompli ce qu'on croyait impossible. Près de trois ans après son vol spectaculaire, il a payé sa dette à la société. Certes, la *Joconde* n'est pas restée plus de quelques semaines en Italie ; certes, il n'est toujours pas riche ; et certes, il a été abusé par son ancien complice. Mais au moins il ne croupit pas dans une cellule pour collusion avec une force étrangère. Car c'est ce qui aurait pu lui arriver s'il avait avoué comment s'était déroulé son méfait. Heureusement, les policiers, les juges et les médecins ont préféré ne voir en lui qu'un idiot atteint de saturnisme et il n'a pas été difficile de les conforter dans cette idée.

Il s'en va, les coins de ses lèvres remontant vers les pointes de sa moustache. Libre.

Un lundi de fin juillet 1911, près d'un mois avant le vol, Vincenzo Peruggia s'est rendu dans un café rue de Rivoli, juste devant le grand

magasin *À la belle jardinière*. C'est là qu'il a l'habitude de retrouver cet ami allemand qu'il connaît depuis l'automne dernier. Il ne connaît pas son nom, mais l'homme paie toutes les tournées et donne à Peruggia vingt francs par jour chômé. De quoi oublier d'être curieux. Ils se sont rencontrés dans les couloirs du Louvre, quand Peruggia y travaillait. Cet homme d'une quarantaine d'années, grand et fort, rouge de peau et de barbe, s'était approché de lui.
« Vous êtes français ? demanda-t-il.
— Non, italien, répondit Vincenzo.
— Alors nous sommes alliés, je suis allemand. Mais si vous êtes italien, votre cœur doit souffrir en voyant tous ces tableaux qui appartiennent à l'Italie et qui lui ont été volés par les Français ? »
Ainsi, au fil de ses visites, l'étrange visiteur a fait éclore dans la tête de ce naïf ouvrier une idée : voler la *Joconde*. L'Allemand se présentait comme quelqu'un de haut placé qui réussirait à rendre le tableau à l'Italie et couvrirait de richesse son complice, quitte à provoquer un incident diplomatique – ce que l'homme dit d'ailleurs souhaiter pour accélérer le rapprochement des deux pays. Ce lundi-là, c'est la dernière fois que Peruggia rencontre l'espion allemand. Ce dernier l'encourage à agir au mois d'août, un jour de fermeture, quand il n'y a pratiquement personne au Louvre.
Le 21 août, Vincenzo se décide. Après quoi, son mystérieux ami ne donne plus aucune nouvelle et le voleur devient l'homme le plus recherché de France, avec une œuvre inestimable sur les bras. Par peur d'être enfermé, il va jusqu'à se risquer à la vendre à un antiquaire de son pays. Puisqu'il a pris des risques, autant qu'il en soit payé ! Le reste se déroulera comme on le sait.
Quant aux raisons de la disparition de l'étrange agent allemand, le mystère reste entier.

À défaut d'être un coup de Keyser Söze, le vol du célèbre tableau de Léonard de Vinci aurait-il été un coup du Kaiser?

LE SUPER-HÉROS

THE AMAZING PHOENIX JONES!

The Amazing Phoenix Jones

2 janvier 2011.

Il est tard. L'heure pour Dan de rentrer. Arrivé au parking, alors qu'il s'approche de son véhicule, son cœur se met à battre à tout rompre : un homme est en train de tenter de voler sa voiture.

« La police. Il faut que j'appelle la police », pense Dan, les mains tremblantes de panique.

À peine a-t-il le temps de pianoter sur son téléphone qu'une silhouette surgit de la nuit... s'élance vers le voyou et le pourchasse. Puis Dan les perd de vue. Halluciné par la scène à laquelle il vient d'assister, digne de *Spider-Man*, il regrette de n'avoir pas eu le temps de remercier son bienfaiteur. L'occasion lui est donnée de le faire lorsque des journalistes le contactent pour qu'il relate les faits au journal télévisé.

« Les nouvelles de ce soir : quelques secondes et la voiture d'un homme était sur le point d'être cassée, voire volée... jusqu'à ce qu'un super-héros arrive à la rescousse, annonce le présentateur du JT de Seattle.

— Ce gars est arrivé par la droite, témoigne Dan devant la caméra, habillé d'un costume moulant noir et or, et il a commencé à poursuivre l'autre ! »

L'individu ainsi présenté en sauveur regarde les informations ce soir-là. Il s'admire à l'écran, ravi que les médias couvrent enfin ses agissements. Lorsque la nuit tombe et encourage les sombres desseins des malfaiteurs, il enfile ses gantelets en acier, son armure d'or et son masque, puis arpente les ruelles de la cité d'Émeraude[1]. Cet homme, c'est Phoenix Jones, un super-héros en chair et en os. Et le super-vilain qu'il affronte, c'est l'apathie.

1. Surnom donné à la ville de Seattle.

De ses propres mots, « l'apathie est le super-vilain le plus puissant sur cette terre et il est en chacun de nous ». Grande est la fougue de ce mystérieux justicier. Tellement grande que, au cours de ses interventions aux limites de la légalité, elle finira par le perdre.

« Durant plus d'une demi-heure, trente-huit citoyens honnêtes et respectables du Queens ont regardé un tueur suivre une femme et la poignarder, au cours de trois attaques distinctes, dans Kew Gardens. » L'article du *New York Times* du 27 mars 1964 appuie là où ça fait mal. Le lectorat a beau être accoutumé à une rubrique des faits divers saturée d'atrocités, cette affaire va durablement marquer les esprits. Certes il s'est avéré que les faits ont été largement exagérés dans l'affaire Kitty Genovese, du nom de la victime, mais la mise en exergue d'une situation courante – l'apathie des citoyens face à un crime – en a fait une légende urbaine, un cas d'école, au point qu'elle a servi de point de départ à la théorisation de « l'effet témoin ». Ce terme désigne un phénomène psychosocial au cours duquel la responsabilité de chacun se dilue en proportion du nombre de personnes qui assistent à une scène. « Pourquoi moi plutôt qu'un autre ? », « De quoi vais-je avoir l'air si je me trompe ? » sont autant de questions qui, mêlées à la peur, génèrent l'inaction. Ainsi des agressions, des braquages ou des viols sont parfois perpétrés à la vue de tous sans que personne lève le petit doigt.

C'est cette indifférence qui a fini par convaincre Phoenix Jones d'agir. Il est temps pour lui d'inverser la tendance, d'envoyer un message positif à la ville de Seattle. La peur doit changer de camp. Mais au-delà des raisons évidemment altruistes qui le motivent, il se verrait bien en super-héros. Qui n'a jamais rêvé d'endosser ce rôle si valorisant ? Certainement pas Mark Millar, célèbre scénariste de *comic books*. En 2008, inspiré par l'époque de ses quatorze ans où il songeait sérieusement à combattre le crime à Glasgow, il a écrit *Kick-Ass*, l'histoire d'un adolescent, David Lizewski, qui tente d'échapper à son quotidien ennuyeux en s'improvisant justicier. À travers ce personnage de fiction, Mark Millar fantasme ce qui aurait pu se produire si lui-même avait osé franchir le cap. Jamais il n'aurait pensé que certains individus – à l'instar de Phoenix Jones –, aimant mieux agir qu'imaginer, feraient de leur vie un *comic*. Car le justicier de Seattle n'a pas été un cas unique.

En 2010, à la sortie de l'adaptation cinématographique de *Kick-Ass*, les médias commencent à s'intéresser à ces citoyens qui jouent les super-héros dans les rues de plusieurs villes. Le film, sans être l'instigateur de ce phénomène, a participé à faire grossir un mouvement qui prend le nom de « Real Life Super Heroes », mieux connu sous le sigle RLSH. Un engouement qui amuse autant qu'il inquiète les autorités et les citoyens. Stan Lee, cocréateur d'une grande partie du panthéon Marvel, confie même son appréhension : « Cela m'embêterait que quelqu'un dépourvu de super-pouvoirs enfile un costume et se mette à défier des criminels ou toute personne armée. Il pourrait se blesser. »
HBO ne tarde pas à réaliser un documentaire sur le sujet. Thanatos, Phantom Zero, Nyx, Mr Xtreme, Master Legend, Geist, etc., une production va enfin présenter quelques-uns de ces vengeurs tout ce qu'il y a de plus réels. Toutefois, dès les premières minutes du film, c'est la douche froide : Master Legend semble être un vieux fou porté sur l'alcool ; quant à Mr Xtreme, c'est un *nerd* fan des Power Rangers vivant dans un désordre innommable qu'il présente comme son quartier général – la Xtreme Cave – et pratiquant un art martial de son cru aussi ridicule qu'inoffensif, le Super Extreme Death Metal Fighting System[2]. Ces figures excentriques, pour beaucoup d'anciennes victimes de harcèlement, prêtent à rire mais n'en demeurent pas moins attachantes, car pétries d'intentions louables.
Loin de mettre fin à l'altruisme super-héroïque, le documentaire d'HBO amplifie le phénomène et ils sont bientôt des centaines dans le monde à se costumer et proposer leurs services pour préserver le vivre-ensemble. Pour répondre à cette ferveur philanthropique, on assiste même à la formation de factions de super-vilains chargés de débusquer, parmi les héros autoproclamés, les imposteurs en mal de publicité. Phoenix Jones n'est pas de ceux-là.

Son activité est antérieure à l'explosion des RLSH, puisque cela fait maintenant neuf mois qu'il patrouille et a gagné une certaine notoriété à Seattle. On rapporte qu'il a empêché à plusieurs

2. Ce que l'on peut traduire par « système de combat *death metal* super extrême »

reprises des automobilistes ivres – parfois violents – de prendre le volant, faisant courir ainsi un risque à d'autres personnes. Avec sa bombe au poivre, il a arrêté un voleur de bus et rattrapé un agresseur armé d'un couteau qu'il a contraint de se livrer à la police. Son costume marque l'esprit des témoins. Au prix qu'il lui a coûté, le super-héros n'en est pas mécontent. Il lui a fallu débourser cinq mille dollars pour faire fabriquer sa panoplie : un masque qui ressemble à celui de Spawn[3], avec le pourtour des yeux doré et des rides de lion qui lui donnent un air menaçant, et un gilet pare-balles imitant des pectoraux et des abdominaux dignes de ceux d'un culturiste. Une sophistication qui dénote avec son apparence amatrice des débuts, quand il se contentait d'enfiler un foulard et un chapeau des Blues Brothers, et avec celle de ses confrères des RLSH, tous équipés avec les moyens du bord, ce qui leur donne l'air de *cosplayers*[4] fauchés. À croire que l'ambition de ces Américains baignés depuis leur plus tendre enfance dans la culture Marvel et DC Comics se limite à parader comme au carnaval.

Son costume marque les esprits. Au prix qu'il lui a coûté, le super-héros n'en est pas mécontent. Il lui a fallu débourser cinq mille dollars pour faire fabriquer sa panoplie !

Pour sa part, Phoenix Jones veut être pris au sérieux et n'apprécie pas particulièrement la vague d'aspirants *Kick-Ass* qui a suivi la sortie du long-métrage. Il abhorre d'ailleurs ce film, à cause de sa violence gratuite, de son manque de réalisme et, surtout, de son inintelligence : il juge irresponsable de s'exposer au danger sans porter de cuirasse et de se connecter à Internet chez soi sans préserver son anonymat. Car rester incognito est essentiel ; c'est à ça que sert le costume, en plus de se protéger des armes létales. La révélation de leur identité et de leurs agissements peut coûter leur emploi aux super-héros qui se font prendre. Gest, un journaliste de Rochester, s'est ainsi retrouvé dans une situation délicate quand sa rédaction lui a demandé d'enquêter sur le justicier local, qui n'était autre que lui-même. Il a dû attendre de changer d'employeur pour en parler librement à ses collègues. Et

3. Spawn est un super-héros créé par Todd MacFarlane en mai 1992.
4. Pratiquant du *cosplay*, loisir qui consiste à se déguiser en un personnage de fiction, souvent en confectionnant soi-même son costume.

n'est-ce pas par peur de représailles contre Mary Jane que Peter Parker renonce un temps à sa bien-aimée ? Comme l'homme qui se cache derrière Spider-Man, Phoenix Jones n'est pas sans attache : il est marié et père d'un petit garçon. « Il faut mettre un masque, conseille Batman dans *The Dark Knight Rises*. Pour protéger les gens à qui tu tiens. » Mais les frasques de Phoenix Jones, autrement plus spectaculaires que les démarches principalement altruistes de ses compères, vont rapidement mettre à mal son anonymat. Entre les bagarres de rue et les dizaines d'arrestations qu'il revendique, ce n'est qu'une question de temps avant qu'un dérapage ne survienne.

9 octobre 2011.

Phoenix Jones, désormais à la tête d'une équipe de « redresseurs de torts », The Rain City Superhero Movement, parcourt les rues Seattle à l'affût des incivilités.

Rien à signaler... Mais l'heure de la fermeture des boîtes de nuit approche. Un moment de la soirée propice aux règlements de compte et aux agressions. En restant disponible, il sait qu'une occasion de se rendre utile se présentera.

Bingo ! Les super-héros passent près d'un night-club quand Ryan McNamee, le cameraman qui suit le groupe dans ses expéditions, aperçoit du mouvement en contrebas d'un pont.

« Phoenix, regarde ! Une grosse bagarre ! crie-t-il.

— Appelle le 911 ! » répond Phoenix Jones avant de se précipiter dans les escaliers.

Le héros court à toute vitesse... à sa perte. Sur place, plusieurs individus se coudoient et il est difficile de distinguer les partis. Phoenix Jones réussit à séparer les adversaires, mais la situation prend une tournure inattendue. Une femme qui aurait été atteinte aux yeux par un jet de bombe au poivre riposte furieusement contre le justicier à coup d'escarpins.

« Va te faire foutre ! Trou du cul ! Pauvre crétin ! » s'égosille-t-elle.

Phoenix Jones se protège avec ses bras, mais le reste de la bande finit par se joindre à l'assaillante, faisant désormais front commun contre leur nouvel ennemi. Le « sauveur » est attaqué de toutes parts et se voit contraint d'abuser de son spray d'autodéfense pour réussir à s'extirper en trébuchant.

Quand il entend des sirènes, Phoenix Jones espère que son calvaire va prendre fin, que justice va être rendue. Cependant, il constate avec surprise que la police est là pour lui. Couvert de honte, le héros se fait menotter comme un vulgaire méchant.

Les policiers l'informent de ses droits et lui annoncent qu'il va passer la nuit en garde à vue.

« Je suis Phoenix Jones... et je suis aussi Ben Fodor. Je protège la ville mais je suis également un père, un frère. Je suis comme tout le monde. »

Derrière les barreaux, Phoenix Jones n'est pas trop inquiet. Certains des policiers présents manifestent de la sympathie pour lui. S'attirer les bonnes grâces des forces de l'ordre a toujours été pour lui une priorité afin de pouvoir un jour agir de concert avec elles. Mais il est également conscient que d'autres attendent depuis un moment une occasion comme celle-ci pour mettre fin à son action. Notamment Pete Holmes, le procureur de la ville, qui voit en lui un homme « profondément fourvoyé ».

En effet, Phoenix Jones doit payer plus de trois mille dollars pour sortir de prison, et un chantage des plus incommodants l'attend à sa libération : soit il clôt sa carrière de justicier, soit son identité est révélée publiquement. Dos au mur, le captif prend les devants à l'arrivée des photographes sur les marches du commissariat : « Je suis Phoenix Jones... et je suis aussi Ben Fodor, déclare-t-il sur un ton grave en arborant une moue précieuse, alors qu'il dévoile son visage. Je protège la ville mais je suis également un père, un frère. Je suis comme tout le monde. »

Phoenix Jones est démasqué.

Les journalistes découvrent un jeune homme de vingt-trois ans dont la musculature n'a pas à rougir de celle que lui octroie son armure. Sa coupe en brosse fait gagner quelques centimètres à ce gaillard déjà grand et ses rouflaquettes finement dessinées laissent deviner un homme soucieux de son apparence. Au regret des fans de *comics*, derrière le super-héros ne se cache pas un milliardaire célèbre, tel Tony

Stark ou Bruce Wayne. Mais certains habitants de Seattle reconnaissent un sportif qu'ils ont déjà vu en action sur un ring de MMA[5].
Pratiquant cette discipline en amateur, Benjamin Fodor, un Afro-Américain né au Texas, arraché aux griffes de parents toxicomanes quand il avait neuf ans et adopté par une famille de Seattle, a mis un terme à un projet de carrière professionnelle dans cette discipline quand il s'est découvert une passion pour l'autojustice. En parallèle, il gagne sa vie comme éducateur dans un centre pour enfants autistes, dont il est renvoyé dès que ses employeurs entendent parler de sa vie secrète. Une déconvenue en partie compensée par son nouveau statut, qu'il découvre en reprenant ses patrouilles : il est désormais célèbre. Médiatisé comme aucun autre avant lui, Phoenix Jones est érigé comme figure emblématique des Real Life Super Heroes durant l'année 2012. Ce qui n'est pas sans susciter des jalousies.
Car le courant n'est jamais passé avec cette communauté. Les échanges sur les réseaux sociaux sont assassins. L'arrogance du personnage énerve, car il ne manque jamais une occasion de rappeler qu'il est indépendant, sportif, travailleur et père modèle. Ni de critiquer les RLSH, selon lui une bande de « cas soc' » dont l'action se limite à distribuer des sandwichs aux sans-abri : « Je n'appelle pas ça des super-héros, j'appelle ça des livreurs de sandwichs », affirme-t-il, se vantant d'être un des seuls à se confronter à des situations de violence. Les RLSH, pour leur part, sont nombreux à désapprouver le projet de Ben Fodor. Ils se défendent de s'être jamais illusionnés sur l'impact que leur mouvement peut avoir sur la société. Une manière attractive de faire des bonnes actions auprès de leurs concitoyens, oui. Un moyen de se substituer à la police, certainement pas.
Ben Fodor nourrit d'autres ambitions. Et son ascension fulgurante le conforte dans l'idée que sa cause est juste. Coûte que coûte, il poursuit son combat contre l'apathie. Et s'il doit se servir de ses poings pour cela, il est prêt à le faire.

Novembre 2012.
Phoenix Jones et ses acolytes sont suivis. Plus tôt dans la soirée, ils ont empêché une bande de malfrats alcoolisés de voler une voiture

5. *Mixed Martial Arts*, ou arts martiaux mixtes, anciennement *free-fight* (combat libre). Réputé pour son extrême violence, ce sport de combat associe pugilat et corps à corps. Il n'est légalisé en France que depuis janvier 2020.

mais, faute de témoin, la police n'a procédé à aucune arrestation. Et voilà qu'un des hommes a la ferme intention de suivre Phoenix Jones jusqu'à son domicile. Pour le super-héros, c'est hors de question. Et comme le policier présent sur les lieux ne fait rien pour l'aider, il invoque la loi pour résoudre le problème.
« Écoute, l'État de Washington autorise le combat mutuel, indique-t-il au fauteur de troubles. On peut se battre, si tu veux. »
Après plusieurs minutes de pourparlers, le policier, les membres du Rain City Movement et les hommes ivres s'écartent pour former une arène humaine. Les deux adversaires se jaugent avant de se mettre en garde.
Bim ! Sans laisser le suspens s'installer, Phoenix Jones frappe l'homme d'un puissant coup de pied latéral. Sous le choc, la victime répond mollement d'un autre coup de pied, tout à fait inoffensif. Habitué aux affrontements sur un ring, le justicier sautille à gauche, à droite, en arrière, en avant, restant toujours à distance d'éventuels assauts. Cela ne fait plus aucun doute pour le fanfaron qui a accepté le duel : les aptitudes au combat de Phoenix Jones sont bien réelles. Paf ! Le soûlard reçoit un nouveau coup de pied dans la rotule et manque de chuter. Et il ne parvient pas à effleurer Phoenix, malgré sa ténacité. Smash ! Coincé contre un mur, il déguste un ultime coup de poing dans le plexus qui le met à terre. Sous les huées et les acclamations des spectateurs, le combat vient de prendre fin. Il n'a duré que trente-sept secondes.

Quelques jours plus tard, la vidéo de l'échauffourée devient virale, provoquant un autre affrontement, virtuel cette fois. Sur Internet, un fossé se creuse entre les pro- et les anti-Phoenix Jones. Comme à la télévision.
« Chaque fois que vous vous immiscez dans une situation problématique, il y a un risque que ça empire ! clame un avocat face à Phoenix Jones lors d'une émission d'actualité. Que les gens interprètent mal vos intentions, que la situation s'envenime !

– Quand il parcourt les rues dans son costume, il n'est pas différent d'un Gardian Angel[6] coiffé de son béret rouge ! rétorque une journaliste. Et nous savons tous qu'ils sont là pour aider ! »

Difficile de mettre fin à ce débat caractéristique des États-Unis, qui a commencé à l'époque du Far West, quand les habitants de villes les plus reculées et en proie à la violence créaient leur propre milice pour assurer la sécurité des habitants et le bon déroulement du commerce. Aussi connue sous le nom de vigilitantisme, cette forme d'autojustice revendiquée, et mise en œuvre en dehors de toute procédure légale, est un sujet récurrent dans la vie politique américaine. Il n'y a guère que sur ces terres longtemps livrées à elles-mêmes que pouvaient naître un Zorro ou un Batman, des personnages qui se font justice eux-mêmes pour compenser des institutions corrompues ou inefficaces ! Que ce soit ou non le cas de Seattle, ce n'est sans doute pas Phoenix Jones qui apportera une réponse à ces questions vieilles de plus d'un siècle. Pour le faire, il aurait au moins fallu qu'il soit exemplaire.

Pour commencer, la vidéo de sa bagarre lui fait une mauvaise publicité en le montrant en train de s'en prendre à un homme ivre sur lequel il savait avoir le dessus. Un journal télévisé titre son reportage : « Sont-ils des super-héros ou des super-problèmes ? » La couverture médiatique finit par précipiter la chute de son mouvement, The Rain City Superhero Movement, qui est dissous en 2014. Ses membres ont fini par lâcher celui que de nombreux témoins qualifient d'individu égocentrique et malhonnête, qui réclame de l'argent à ses camarades pour financer des assurances ou des équipements dont personne n'a jamais vu la couleur. Mégalomane, il a tendance à exagérer, voire à transformer la réalité, pour se présenter sous son meilleur jour.

Mais c'est un autre événement qui provoque son reniement et lui aliène tous ses admirateurs : en janvier 2020 tombe la nouvelle que Ben Fodor, *alias* Phoenix Jones, a été arrêté pour vente de stupéfiants.

---

6. Fondée en 1979, cette organisation internationale à but non lucratif envoie des milices de volontaires non armés patrouiller dans les rues de New York dans le but de combattre la violence. Leur uniforme se compose d'une veste et d'un béret rouges portant le sigle de l'organisation.

L'ex-super-héros était *a priori* connu depuis un moment pour son activité de trafiquant de drogues. Comme dirait Harvey Dent, *alias* Double Face dans *Batman : The Dark Knight* : « Soit on meurt en héros, soit on vit assez longtemps pour endosser le rôle du méchant. »

Il voulait prouver que ses méthodes étaient rigoureuses et qu'elles s'inscrivaient dans la législation américaine, et il entendait améliorer la sophistication de son équipement. « Aucun des super-héros ne va durer », affirmait-il. Aussi ces derniers devaient-ils répondre aux attentes du monde pour ne pas rapidement passer de mode. Concernant les RLSH, il a vu juste : quatre à cinq années ont suffi pour faire redescendre sur Terre le mouvement des redresseurs de torts en collants. Et malgré son nouveau casque et son bouclier qui le faisait ressembler Captain America, Phoenix Jones a été contraint de prendre sa retraite. N'est pas Bruce Wayne qui veut : Ben Fodor devait payer ses factures. Pourtant, le projet de Phoenix Jones était inspirant. La fin du premier chapitre du *comic* consacré aux aventures de *Kick-Ass* laisse présager de beaux jours à David « Dave » Lizewski : « J'ai joué au super-héros pour échapper à mon quotidien terne, dit l'adolescent, mais la vie est maintenant aussi cool que celle de Peter Parker ou de Scott Summers. » En un sens, cela a marché aussi pour Phoenix Jones. Son personnage, qui lui a permis de bénéficier d'une exposition extraordinaire, lui a offert l'opportunité de signer un contrat avec une institution de MMA et de pouvoir s'entraîner avec des professionnels. Il a même réussi à décrocher un contrat avec un éditeur de *comics* pour que ses aventures soient publiées. Et il apparaît brièvement dans le jeu vidéo de super-héros à gros budget *Infamous : Second Son*. Son aventure, aussi illusoire qu'elle ait pu être, a eu une influence réelle sur sa vie, même s'il a fini par rejoindre les rangs des super-vilains.

Mais l'épiphénomène des Real Life Super Heroes aura au moins eu le mérite de montrer que ça peut être « cool » d'aider son prochain !

LE VAMPIRE

DRACULA

le prince empaleur

Dracula, le prince empaleur

Ce dimanche 25 mars 1459, l'Europe chrétienne, menacée par l'expansion ottomane, commémore la résurrection de Jésus-Christ.

Pour l'occasion, le voïvode[1] Vlad Dracula a invité une quarantaine de boyards au palais princier de Târgoviște, la capitale de Valachie d'où il règne sur la principauté.

La salle de réception est plongée dans la pénombre, uniquement éclairée par les candélabres disposés sur les tables. Les convives serrés sur leurs bancs, emmitouflés dans des cafetans doublés de fourrure, tentent de faire honneur au repas malgré l'obscurité, le froid glacial... et la peur.

Le visage de Vlad Tepes apparaît et disparaît à la lueur des bougies ; ses sourcils arqués de colère, ses grands yeux gris-vert qui brûlent plus qu'ils ne regardent, sa longue moustache qui barre presque toute sa figure et qui surmonte des lèvres rouges. Trop rouges.

Vlad marche d'un pas lent dans la travée qui sépare les tables, discourant sur ses choix politiques. Oui, il a ordonné de battre une nouvelle monnaie malgré l'interdiction promulguée par le roi de Hongrie. Oui, il a décidé de ne plus payer de tribut à l'Empire ottoman. Oui, cela entraînera des représailles de la part de ses ennemis et il sait que déjà certains ourdissent un plan pour le remplacer par un rival. Voilà pourquoi il réclame de chacun une fidélité inconditionnelle.

Après avoir longtemps discouru, Dracula s'arrête devant un de ses hôtes, un vieillard, et lui demande combien de voïvodes ont régné depuis le début de sa longue vie. Puis il répète sa question à tous les

---

1. Littéralement « chef de guerre ». Ce nom désigne le gouverneur d'une région dans les pays slaves.

convives, vieux et jeunes. Les chiffres varient : sept, douze… peut-être dix-neuf.
Quand il a fini son interrogatoire, Vlad se poste devant la table où siègent quelques-uns de ses conseillers. Les flammes des chandelles dansent dans son dos, allongeant son ombre inquiétante dans toute la pièce. Il demande d'une voix rauque : « Comment se fait-il que vous ayez autant de voïvodes et de seigneurs dans votre pays ? »
Il n'obtient pour seule réponse qu'un silence lourd qui suinte l'effroi. « La faute en est à vos honteuses discordes ! » dit-il en hurlant.
Des gardes pénètrent alors avec fracas dans la salle à manger, saisissent les boyards et certains conseillers pour les conduire dans la cour où des pieux ont été dressés. Ils sont si hauts qu'ils semblent vouloir transpercer le ciel. Des cris résonnent dans la nuit, jusqu'à ce que tous les hommes soient plantés sur ces pals.
Le massacre terminé, Dracula retourne s'asseoir et porte à ses lèvres un gobelet rempli de vin qui, dans les reflets du cuivre, rougeoie comme du sang.

8 juin 1456.
Un astre à la chevelure flamboyante apparaît dans le firmament[2] et restera visible tout un mois depuis l'hémisphère Nord. Trois ans après la chute de Constantinople et alors que les Ottomans prennent pied en Europe, cet étrange corps céleste se présente comme un mauvais présage pour le pape et tous les chrétiens d'Occident. Mehmed II le Conquérant a rassemblé une armée de trente mille hommes et marche sur Belgrade. Plus rien ne semble pouvoir arrêter le sultan et ses redoutables janissaires. Dans une dernière tentative, le croisé Jean Hunyadi, seigneur de Transylvanie, est choisi par le royaume hongrois pour tenter d'endiguer la menace ottomane.
Le 4 juillet, des pièces d'artillerie crachent leur feu sur les murailles de Belgrade, encerclées par des soldats enturbannés. Le siège a commencé. Dès qu'il apprend la nouvelle, Jean Hunyadi se précipite en Serbie, suivi de son armée. Chemin faisant, il recrute des mercenaires, réclamant aux villes et villages de Transylvanie davantage d'hommes pour l'ac-

2. Il s'agissait de la comète de Halley, visible dans le ciel de l'hémisphère Nord du 8 juin au 8 juillet 1456.

compagner dans sa campagne. Mais certains bourgs, préoccupés par leur voisin trop remuant de Valachie, refusent de prêter des guerriers. En effet, Vladislav II, l'actuel voïvode de Valachie, a des prétentions sur plusieurs forteresses contre lesquelles il mène régulièrement des expéditions. Pour débloquer la situation, Jean Hunyadi envoie un de ses meilleurs hommes, Vlad Dracula, fils de Vlad Dracul, qui s'installe à la frontière pour en assurer la défense. Mais l'homme entend jouer une tout autre partie : de cette place, il ambitionne d'envahir la Valachie pour récupérer un trône qu'il estime lui revenir.

Dracula a passé son enfance en Transylvanie, à Sighișaora, petite ville nichée dans le repli de collines arborées, où son père a eu un moment la charge de l'atelier monétaire. Quand ce dernier a saisi l'occasion de conquérir le trône valaque, Dracula a été pris en charge par un maître d'armes à Târgoviște. Il a reçu l'éducation d'un fils de prince, acquérant ce qu'on appelle les « sept agilités » : équitation, natation, maniement des armes, lancer, lutte, tournoi et vie de cour. Le jeune homme n'a jamais appris à écrire, mais il s'est révélé être un combattant hors pair. Après avoir participé à une courte guerre menée par son père contre les Ottomans, il a été fait prisonnier et conduit en « détention » chez le sultan. L'échange d'otages est alors courant pour garantir le respect des clauses d'un traité de paix et les prisonniers sont traités avec les égards dus à leur rang. Pendant ces quatre années d'une captivité dorée, Dracula a eu tout le loisir d'observer le fonctionnement et les mœurs de la société ottomane ; il a été étonné par le pouvoir et le respect dont jouit le sultan et par l'obéissance de ses sujets. De même, il découvre avec admiration une stabilité politique que ne connaît plus la Valachie depuis longtemps à cause des nombreux conflits entre les grandes familles nobiliaires.

> **Cet été de l'année 1456, Dracula estime que le temps est venu de récupérer le trône de Valachie, perdu par son père dix ans plus tôt.**

Cet été de l'année 1456, il estime que le temps est venu pour lui de mettre en pratique les leçons qu'il a tirées de son long exil et de récupérer le trône de Valachie, perdu par son père dix ans plus tôt. Le 22 juillet 1456, les Ottomans sont vaincus à Belgrade, mais le puissant et respecté Jean Hunyadi meurt de la peste qu'il a contractée sur le champ de bataille. Plus personne ne peut s'opposer à l'initiative de Vlad Dracula, qui réunit alors les boyards valaques mécontents, rassemble une petite armée et fond sur la Valachie. Pris de court, Vladislav II n'oppose qu'une faible résistance avant d'être assassiné, trahi par les siens. Vlad est devenu voïvode. Il porte désormais le titre de comte Dracula.

« Selon toi, pourquoi ai-je fait mettre ce pieu ici ? » demande Vlad Dracula en affichant un sourire carnassier.

L'ambassadeur déglutit et regarde le haut pal doré, placé devant d'autres en bois tout simples, sur lesquels sont embrochés des cadavres. La table, installée dehors, se trouve presque à l'ombre de ces arbres au feuillage constitué de bras et de jambes.

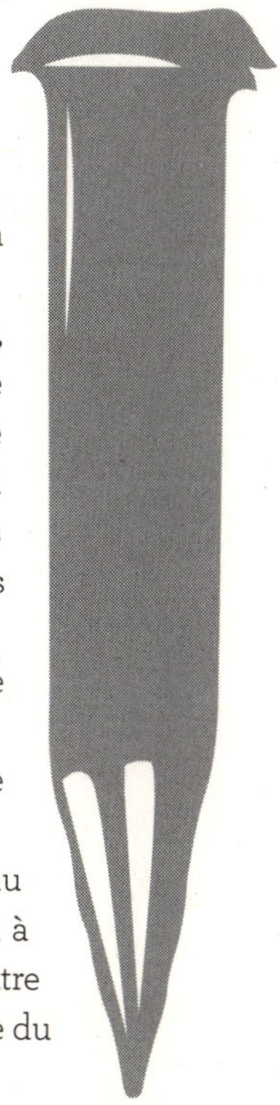

« Sire, il me semble qu'un puissant aura commis un crime à votre égard et que vous désirez lui réserver une mort plus honorable qu'aux autres, répond l'homme devenu blême.

— Tu as bien parlé. En effet, tu es l'ambassadeur royal d'un grand souverain et j'ai fait faire ce pal pour toi. »

L'envoyé émet un léger glapissement et esquisse un geste, tenté qu'il est de se jeter aux genoux de son terrible hôte pour le supplier de lui laisser la vie sauve. Mais il se rappelle que le voïvode Vlad est dénué de pitié et dit : « Sire, si j'ai commis un crime qui mérite la mort, faites ce que bon vous semble, car vous êtes un juge impartial et ce n'est point vous qui seriez coupable de ma mort, mais moi seul. »

Un rictus déforme le visage de Dracula qui éclate d'un rire sonore.

« Si tu ne m'avais pas répondu ainsi, en vérité tu serais sur ce pieu », déclare-t-il alors au comble de l'amusement.

Le repas terminé, l'ambassadeur quitte en hâte le château pour retourner auprès du roi de Hongrie. S'il est parvenu à convaincre Vlad d'assouplir ses mesures de rétorsion à l'encontre de la Transylvanie, il ne croit plus qu'il soit possible de faire du voïvode un vassal docile et malléable.

Régner dans cette époque troublée consiste surtout à conserver le pouvoir, et Dracula s'est résolu à agir en conséquence. Sa principale arme est la terreur qu'il suscite auprès de sa population et de ses ennemis. Toute révolte, toute conspiration, est punie par le supplice du pal dont le comte s'est fait une spécialité. Après chaque expédition qu'il mène en personne contre ses voisins moldaves, transylvains ou turcs, il ramène un cortège de prisonniers – soldats, paysans, femmes et enfants accrochés aux bras de leur mère – qui finissent sur des pieux. Devant les portes de sa demeure, des corps pourrissent sur des pals parfois hauts de plusieurs mètres, faisant flotter une odeur de mort sur Târgoviște.

Les décisions politiques du comte Dracula n'ont qu'un objectif : préserver l'indépendance de la Valachie malgré sa petite superficie et sa localisation, coincée entre les géants hongrois et ottomans. Il a commencé par fermer ses routes aux prospères villes de Transylvanie, les privant ainsi d'une part substantielle du commerce oriental. Refusant d'accepter la nouvelle monnaie hongroise dévaluée, il a fait frapper ses propres écus, ce qui équivaut à une déclaration de guerre pour le roi Mathias Corvin – mais un arrangement a été trouvé après la visite de l'ambassadeur. Surtout, il s'est décidé à ne plus porter de tribut à la Sublime Porte[3]. Fort de sa puissance, l'Empire ottoman a pris l'habitude depuis des années d'extorquer des fonds aux pays frontaliers qui ne peuvent lui résister.

En février 1462, alors que Dracula règne depuis près de six ans, une délégation turque envoyée pour négocier de nouveaux accords tente de le piéger. Sa vengeance est terrible : il traverse le Danube gelé en hiver avec son armée et pénètre en terre ottomane. Sur plus de huit cents kilomètres, les Valaques effectuent un raid dévastateur pour faire de la zone un désert où le sultan ne trouvera plus aucun soutien. Au terme de cette campagne, Vlad fait envoyer une missive à Mathias Corvin dans laquelle il se présente comme le sauveur de la foi chrétienne et recense les morts de chaque village. Le bilan aurait été de 23 883 victimes, décapitées, démembrées ou brûlées vives. Conscient que son équipée va provoquer la fureur de Mehmed II, il sollicite aussi l'aide de Mathias Corvin pour contenir une contre-attaque qu'il sait inéluctable.

Sur plus de huit cents kilomètres, les Valaques effectuent un raid dévastateur pour faire de la zone un désert où le sultan ne trouvera plus aucun soutien.

3. Nom donné parfois à l'Empire ottoman, en référence à la monumentale porte d'honneur du palais du sultan située à Constantinople, dans lequel siège le gouvernement de l'empire.

Les pas de l'armée ottoman résonnent déjà en Valachie, mais nul écho de mouvements de troupes ne parvient depuis le royaume hongrois.

Le 17 juin, la nuit tombe sur la plaine valaque, éclairée ici et là par les feux d'un camp gigantesque. Malgré les ravages causés par la campagne de l'hiver précédent, les forces ottomanes sont parvenues à forcer le Danube et se rapprochent de Târgoviște. Depuis deux semaines, Dracula et ses hommes harcèlent l'adversaire, sortent des bois subitement pour y disparaître aussi vite, laissant derrière eux de nombreux cadavres de soldats, de chevaux et de chameaux. Mais les Turcs ont l'avantage du nombre et rien n'arrête leur progression. Que faire ? Renier Dieu et soulever une armée de vampires ? Dracula, dont le cœur est aussi noir que la nuit, aurait sans nul doute opté par une telle solution si elle avait été possible.

Attaquer à la faveur de l'obscurité est certes risqué, mais nettement plus réalisable. C'est donc ce qu'il s'apprête à faire : fondre sur le camp plongé dans le sommeil, transformer les doux rêves des Ottomans en une bataille cauchemardesque, trouver la tente du sultan et de ses vizirs pour les conduire, enchaînés, jusqu'à son château où il les fera empaler.

« Que celui qui craint la mort reste ici ! » ordonne Dracula avant de se mettre en route avec plusieurs milliers d'hommes.

Le soleil a disparu depuis peu quand le voïvode se jette sur le camp, à la lumière des torches et aux sons des cors. Rapidement, un grand incendie illumine le ciel dont le rouge incandescent devient le théâtre d'un terrible spectacle d'ombres chinoises. Ombres d'hommes en armure qui se ruent au milieu des tentes en faisant tournoyer leurs épées et leurs lances, ombres des corps étendus sur le sol, agonisant en hurlant de douleur. Les heures passent et Dracula n'a pas encore mis la main sur le sultan. Quand l'horizon blanchit, Vlad doit se résigner et sonne la retraite. Lui et ses soldats se volatilisent comme des morts-vivants fuyant la lumière du soleil. Les troupes ottomanes sont décimées, hébétées par la violence de l'assaut.

Mais Mehmed II et ses hommes ne sont pas au bout de leurs surprises. Après plusieurs jours et nuits sans escarmouches, l'armée ottomane, débouchant sur une plaine, interrompt brusquement sa marche. Sur plusieurs centaines de mètres, des pals parsèment la campagne, et sur ces pals des hommes, des femmes et leurs enfants... Des Turcs pour la plupart. Certains sont là depuis longtemps, réduits par le soleil et les intempéries à l'état de momies dans lesquelles nichent des oiseaux qui gazouillent, ajoutant un brin de beauté à ce spectacle de mort et de putréfaction. D'autres sont là depuis peu, récolte humaine des dernières expéditions ; les victimes ont encore sur le visage une expression de terreur et de souffrance intense. Le sang et les viscères donnent à l'herbe une couleur sombre, celle d'une terre désolée. Mehmed II et son armée sont à la fois subjugués et terrifiés par ce spectacle. En matière de cruauté, les Ottomans ne sont pourtant pas en reste, eux qui dressent sur les champs de bataille des pyramides de crânes et de fragments de corps. Mais cette forêt d'empalés dépasse tout, même les plus prodigieux édifices bâtis par l'homme. C'est un monument dressé à la cruauté la plus extrême et à l'inventivité dans le crime. « Et même le sultan saisi de stupeur ne faisait que dire qu'il ne pouvait prendre son pays à un homme qui accomplissait de si grandes choses et qui, de façon surnaturelle, savait se servir de la sorte de son pouvoir et de ses sujets. Il disait encore que cet homme qui accomplissait de tels actes serait encore digne d'en accomplir davantage », écrira l'historien grec Chalkokondyles qui accompagne les Ottomans dans leur campagne. En d'autres termes, Mehmed II s'avoue vaincu.

« Et même le sultan saisi de stupeur ne faisait que dire qu'il ne pouvait prendre son pays à un homme qui accomplissait de si grandes choses et qui, de façon surnaturelle, savait se servir de la sorte de son pouvoir et de ses sujets. »

Le sultan quitte la Valachie sans avoir tué le voïvode ni décimé son armée, mais laisse derrière lui un pays exsangue. Un tiers de la population a disparu... Fier d'avoir tenu tête seul à cet empire si puissant, Dracula prépare déjà une nouvelle expédition punitive. Pour Mathias Corvin, il faut en finir, sinon toute la Valachie va devenir un champ de pals. Le roi de Hongrie s'entend avec des boyards mécontents pour remplacer Vlad par son frère, Radu, qui a passé quatre années à la Sublime Porte et lui est beaucoup plus favorable. Accusé d'avoir conspiré avec le sultan pour faire envahir la Hongrie, Dracula est arrêté. Une trahison improbable de la part d'un homme qui est parvenu à mettre en déroute une armée trois fois supérieure en nombre à la sienne. Quelques faux, la détermination de Mathias Corvin et la crainte qu'inspire un homme dont les actes sanglants commencent à être connus dans toute l'Europe suffisent à convaincre la diplomatie des Balkans.

Vlad Dracula est enfermé dans un donjon. Sa cellule est petite, froide et sombre, mais depuis sa fenêtre il peut admirer le panorama transylvain, ses vallons arborés, les maisons aux toits pentus cachés derrière des remparts, les montagnes des Carpates parsemées de forteresses inexpugnables. Il attrape des souris, les empale sur les morceaux de bois que le vent apporte dans sa geôle. Quelque temps plus tard, il est libéré. On l'installe dans un village transylvain, d'où son statut de prisonnier politique l'interdit de sortir. Dégradé, il mène une vie oisive avec sa femme et ses enfants, à mille lieux du bruit des armes et des cris de ses ennemis. Il s'ennuie, achète des poules pour les empaler. Un jour, il a même l'occasion de tuer un garde qui s'est introduit chez lui pour débusquer un voleur. Le bourgmestre juge préférable de ne pas lui en tenir rigueur. En 1476 vient l'heure de sa fin, qui suit de peu celle de son retour en grâce. Les guerres et les troubles politiques n'ont pas cessé avec l'éviction de Dracula, loin s'en faut. Les Ottomans envisagent de franchir à nouveau le Danube pour conquérir la Moldavie. Après avoir rongé son frein pendant treize ans, Vlad est chargé par Mathias Corvin d'affronter l'armée de Mehmed II. Il en profite pour chasser du trône valaque Basarab III, qui a succédé à son frère. Mais son règne ne dure que deux mois ; dans des circonstances jamais élucidées à ce jour, Dracula tombe dans un piège tendu par son prédécesseur et ses alliés turcs. Malgré une armée de quatre mille hommes, il est vaincu et conduit aux pieds de Basarab III ; ce dernier lui tranche la tête pour l'envoyer en cadeau au sultan. Le chef de Dracula est promené au bout d'une lance dans les rues de Constantinople pour montrer que personne ne peut résister à la puissance de l'Empire ottoman.

Dracula s'ennuie, achète des poules pour les empaler. Un jour, il tue un garde qui s'est introduit chez lui pour débusquer un voleur. Le bourgmestre juge préférable de ne pas lui en tenir rigueur.

Selon les légendes roumaines, un homme à qui l'on a coupé la tête ne peut devenir un vampire pour sortir de son tombeau et venir hanter ceux qui lui ont survécu. Vlad Dracula réussira pourtant par revenir du royaume des morts sous des traits aussi terrifiants que ceux qu'il possédait de son vivant.

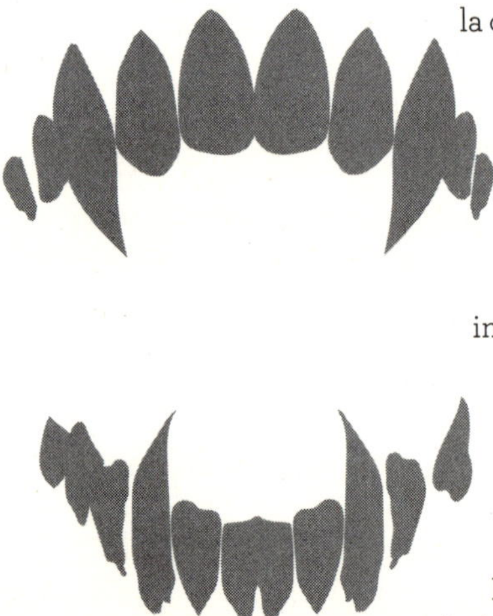

En 1897, Bram Stoker a cinquante ans. Selon les mots d'un ami poète, c'est « une personne avec les pieds sur terre ». Précisément ce que l'on attend du directeur financier d'un théâtre londonien aussi réputé que le Lyceum. Mais ce grand Irlandais à la barbe fournie, diplômé de mathématiques pure à l'université de Dublin, surprend ses fréquentations quand il publie son roman *Dracula*, un récit mettant en scène un couple, ses amis et un professeur nommé Van Helsing aux prises avec un vampire venu de Transylvanie. À la croisée des littératures victorienne et gothique, cette fiction se présente comme la compilation des journaux des personnages, entrecoupée de lettres, de coupures de presse et de retranscriptions phonographiques qui donnent au récit un vernis de réalisme et de véracité scientifique. Bram Stoker a travaillé dix ans sur son roman, puisant à de multiples sources et influences. Selon lui, tout a commencé après un dîner de fruits de mer trop arrosé. Il s'éveille en sursaut et note dans un carnet : « Jeune homme sort, voit des filles, l'une d'elles essaie de l'embrasser non pas sur les lèvres mais sur la gorge. Le vieux comte s'interpose – rage et fureur diabolique – cet homme m'appartient je le veux ! » Stoker décide alors d'écrire sur un mort-vivant portant le nom de « comte Wampyr ». La figure du mort-vivant, du vampire, a déjà traversé l'Europe depuis l'est et inspire la littérature fantastique naissante – l'intrigue du *Capitaine Vampire* de Marie Nizet, publié en 1879, comporte d'ailleurs de nombreuses similitudes avec celle de *Dracula*. Mais c'est sa rencontre avec Arminius Vambéry, un orientaliste hongrois, qui met Bram Stoker sur la voie de son personnage. Le spécialiste lui fait découvrir des sources historiques relatant le règne du voïvode Vlad Tepes, dit Dracula. Une note de bas

de page d'un des récits précise : « Dracula, en langue valaque, signifie Diable. Les Valaques avaient coutume de donner ce surnom à toutes les personnes qui se font distinguer par leur courage, leurs actions cruelles ou leur habileté. » Le comte Dracula est né.
Mais le destin du personnage subit un sort semblable à celui de son modèle. Après la mort de Bram Stoker, le vampire Dracula semble réduit à l'impuissance, comme le sinistre voïvode après son emprisonnement. Jusqu'au jour où le dramaturge Hamilton Dean achète les droits à la veuve de Stoker et popularise *Dracula* en l'adaptant au théâtre en 1924. Le succès est tel que la pièce est jouée à New York et que, à la naissance du cinéma, l'industrie s'empare du vampire. Les adaptations sont légion tout au cours du XXe siècle, de *Nosferatu le vampire* (1922) – son réalisateur ne possédait pas les droits pour conserver le nom original de l'œuvre – au *Dracula* de Francis Ford Coppola (1992), on compte des dizaines de films sur ce thème, dont certains farfelus – *Billy the Kid versus Dracula* (1966) – ou parodiques – *Le Bal des vampires* (1967). Le mythe du vampire aurait pu toutefois finit par s'essouffler si Anne Rice n'avait pas publié, en 1976, *Entretien avec un vampire*, un roman dans lequel elle met en scène un journaliste qui a enregistré au magnétophone le récit d'un très vieux vampire et qui révolutionne l'image du revenant buveur de sang : celui-ci cesse d'être un monstre pour s'apparenter à un être humain qui perpétue ses désirs et ses faiblesses dans la mort. Car quelle que soit la manière dont est abordé le vampire, elle est toujours sous-tendue par une vision de la mort, notre seule certitude dans l'imprévisibilité permanente de notre vie.

« Dracula, en langue valaque, signifie Diable. Les Valaques avaient coutume de donner ce surnom à toutes les personnes qui se font distinguer par leur courage, leurs actions cruelles ou leur habileté. »

Dans son ouvrage *Vampires, Burial and Death*, le chercheur en folklore Paul Barber émet l'hypothèse que la croyance dans les vampires est née pour donner un sens au processus de décomposition des cadavres. Pour l'homme préhistorique comme pour celui des sociétés préindustrielles, avant que la vulgarisation de la science apporte une explication du phénomène, le spectacle de la putréfaction revêtait un aspect particulièrement effrayant, presque surnaturel. Le changement de la couleur de l'épiderme, les sons dus à l'accumulation de gaz organiques, la puanteur émanant du corps étaient interprétés comme des marques de vie post-mortem, donc de vampirisme. D'où l'intérêt d'inhumer le défunt avant que le processus ne soit trop avancé. L'édification de sépultures, composante du rite funéraire, avait à l'origine le but d'offrir une dernière demeure aux morts pour empêcher leur retour parmi les vivants. Les exemples de sociétés craignant la vengeance des morts sont légion. Le vampire a longtemps été vu comme un défunt réclamant en vain une sépulture et dont la demande est incomprise, parce que sa présence effraye. Pour continuer d'aller et venir entre ces deux mondes, il doit se nourrir de l'énergie des vivants. Et qu'est-ce qui représente l'énergie vitale ? Le sang, cette substance dont le corps est rempli et qui, si elle vient à manquer, nous précipite dans la faiblesse, puis la mort. « Le sang est la vie », répète Renfield, le dément à la solde du vampire dans *Dracula*.

La tête de Vlad Dracula exhibée à Constantinople était un ballon bourré de soie sur lequel on avait posé la face arrachée du voïvode. Défiguré, Dracula pourrait donc avoir continué à hanter son ancien royaume.

Pourquoi la figure du vampire, ou *strigoï*, a eu une telle influence en Roumanie et dans d'autres pays slaves ? Cela peut s'expliquer en partie par la prééminence du christianisme orthodoxe. Contrairement au catholicisme ou au protestantisme, l'Église orthodoxe n'a jamais défini le lieu de repos des âmes. Ni Paradis ni Enfer ne viennent récompenser ou punir les actes du croyant. Pourtant, l'âme doit quitter le corps pour que la volonté de Dieu s'accomplisse, sinon elle est condamnée à errer parmi les vivants. L'excommunication, chez les chrétiens orthodoxes, entraîne, pour le pécheur, une impossibilité de quitter son enveloppe charnelle et le transforme donc en vampire.

Andreas Wolf, médecin saxon ayant vécu une quinzaine d'années en Moldavie à la fin du XVIIIe siècle, avançait une autre théorie intéressante : la croyance dans les vampires a été renforcée par les jeûnes fréquents qu'impose la religion orthodoxe. À son époque, les habitants de Moldavie et des environs cumulaient chaque année jusqu'à deux cents jours de jeûne, au cours duquel ils se nourrissaient uniquement d'oignons, d'ail et de choux crus. Le médecin avait remarqué que ses patients souffraient de malnutrition et de carences ; la viande, en particulier le sang de bœuf, ont fini par représenter inconsciemment l'énergie qui leur manquait. Un Moldave à qui Wolf avait demandé où se situait le cœur, siège de la vie, a répondu en montrant son ventre du doigt. Cela en dit long.

Vlad Dracula était-il un vampire ? Son nom même jette la suspicion : le mot *drac* signifie « diable » en roumain, et le diable est le maître des *strigoïs*. Mais avant la publication du roman de Bram Stoker, aucune source ne mentionne la possibilité que le voïvode de Valachie soit un vampire. Un poème indique qu'il trempait sa main dans le sang de ses ennemis, pas qu'il l'ait ensuite portée à sa bouche pour se délecter de ce sang. De même, le supplice du pal et les démembrements dont il se rendait coupable pourraient indiquer qu'il voulait empêcher que ses victimes deviennent des vampires, ces derniers ne pouvant revenir si on leur coupe la tête ou qu'on leur transperce le cœur. Pour autant, certains éléments semblent pencher en faveur du vampirisme, entre autres son goût immodéré pour faire couler le sang et son incroyable aisance à combattre de nuit ses ennemis ottomans.

Qu'il ait déjà été vampire durant ses exploits ou destiné à le devenir une fois mort, son règne de terreur s'est arrêté quand on lui a coupé la tête. À moins que… Il faut savoir en effet que les Turcs ne décapitaient pas leur victime, se contentant de scalper leur visage. La tête de Vlad Dracula exhibée à Constantinople était un ballon bourré de soie sur lequel on avait posé la face arrachée du voïvode. Défiguré, Dracula pourrait donc avoir continué à hanter son ancien royaume.

1933. Depuis un an, le calme religieux du monastère de Snagov est troublé par le bruit des pioches. Les fouilles entreprises pour permettre la rénovation de l'édifice sont supervisées par l'archéologue Dinu V. Rosetti et l'historien George D. Florescu. Compte tenu des sources à leur disposition, ils ont bon espoir de découvrir, dans cet ancien couvent bâti au milieu d'une petite île sur le lac Snagov, le tombeau de Vlad Dracula.

Depuis le XIXe siècle, les moines présentent aux visiteurs une tombe encastrée dans le dallage de l'église comme étant celle de l'ancien voïvode. Ils ajoutent qu'elle a été placée à cet endroit pour permettre

aux officiants de marcher dessus afin que cette âme pécheresse puisse trouver un certain allègement à ses peines.
Mais quand la tombe est extraite du sol, on découvre qu'elle est vide. Seuls quelques ossements d'animaux tombent en poussière dans les mains gantées de l'archéologue.
Nullement superstitieux, les deux scientifiques sont plus étonnés qu'effrayés. Que Dracula ait pu quitter sa tombe pour s'abreuver de sang ne leur paraît pas crédible. D'autant plus qu'il fait jour.
Les fouilles continuent. Les ouvriers creusent avec précaution plusieurs tranchées dans le sol, centimètre par centimètre, jusqu'à ce qu'ils exhument, à trois mètres de profondeur un caveau intact. Son emplacement, dans l'axe central de la nef, laisse présager une découverte d'importance.
Une fois que la tombe est remontée, Rosetti et Florescu l'ouvrent, le cœur battant. Quand elle révèle son contenu, une pointe d'effroi se mêle à leur curiosité scientifique.
Devant eux se tient allongé le cadavre d'un homme vêtu comme un prince, de pourpre et d'argent, dont le visage est recouvert par un tissu de soie[4]. Il est exceptionnellement bien conservé et on l'imagine volontiers se redresser et sauter sur l'un des chercheurs pour le mordre à la gorge.
La journée est avancée et la lumière du soleil s'engouffre dans la nef par la porte de l'église, dardant ses rayons sur le défunt...

---

4. Conservés d'abord au musée d'Histoire et d'Archéologie de Bucarest, les restes découverts ce jour-là ont disparu à la suite des multiples déménagements des réserves et des bombardements subis par la capitale roumaine au XXe siècle. Aujourd'hui, des chercheurs contestent toutefois qu'il s'agisse des restes de Vlad Dracula.

L'ARCHÉOLOGUE N'A PAS LE TEMPS DE LE PHOTOGRAPHIER QUE LE CORPS S'EST DÉCOMPOSÉ EN UNE MOMIE POUSSIÉREUSE ET FRIABLE. LE RÉSULTAT DU CONTACT DE L'AIR? OU PEUT-ÊTRE DU SOLEIL!

LA PRINCESSE

POCAHONTAS

une légende Disney

Pocahontas, une légende Disney

Quand le capitaine John Smith est introduit dans le grand wigwam de Wahunsonacock, tous les Indiens se mettent à crier et taper du pied.

Quand le capitaine John Smith est introduit dans le grand wigwam de Wahunsonacock, tous les Indiens se mettent à crier et taper du pied. Le chef de la tribu des Powhatans est assis devant un feu, vêtu d'une tunique longue en peaux de ratons laveurs dont les queues retombent en franges autour de son imposante carrure. Sur les côtés, plusieurs rangées d'hommes et de femmes au visage recouvert de peinture rouge jettent au captif des regards dégoûtés. À droite et à gauche du chef, deux jeunes filles se tiennent en silence. L'une est la princesse Pocahontas. On peut lire de la tristesse sur son visage.

Le colon clame ses intentions pacifiques avec des gestes simples, mais les Indiens ne le comprennent pas. Ou font mine de ne pas le comprendre.

Une femme lui apporte de l'eau et une serviette de plumes. Le rituel exige qu'il se lave les mains. Ce qu'il fait, sachant que chaque geste accompli le rapproche un peu plus d'une mort certaine.

Puis un déchaînement de bonne humeur éclate. Les Indiens mangent, dansent, chantent et nourrissent le captif. Smith pourrait se croire sauvé s'ils daignaient lui ôter les liens qui le paralysent. Mais ce n'est qu'une étape supplémentaire.

Les Indiens palabrent longuement avant que deux énormes pierres soient apportées dans le wigwam par des hommes ahanant sous le poids de leur fardeau.

L'un d'eux saisit violemment l'Anglais par les cheveux et place sa tête sur un des cailloux. Les autres soulèvent leurs masses.
On n'entend plus que le crépitement du feu. Les guerriers n'attendent qu'un mot du chef pour fracasser le crâne de leur prisonnier.
Smith ferme les yeux, priant pour le salut de son âme… et sent alors des bras s'enrouler autour de son cou.
Quand il ouvre les paupières, il voit le visage de la princesse. Elle s'est précipitée sur le condamné pour implorer son père de lui laisser la vie sauve.
Les Indiens baissent leurs armes et Wahunsonacock lève la main pour congédier l'assemblée.
Pocahontas vient de sauver le Visage Pâle qui projetait d'envahir le pays de son peuple.

16 avril 1607.
« *Land ahoy!*[1] » hurle un marin perché sur le mât de misaine d'un bateau. Pour Dieu et pour l'or, les trois navires de la Virginia Company – la *Susan Constant*, la *Discovery* et la *Godspeed* – s'amarrent au large de l'actuelle baie de Chesapeake et déversent leurs équipages, des hommes venus en nombre pour établir la première colonie anglaise dans le Nouveau Monde. Ces hommes bruyants, heureux de poser pied à terre après des semaines à braver les tempêtes de la mer Océane[2] avec des biscuits pour seule nourriture, ne tardent pas à attirer l'attention des autochtones. Les Powhatans forment l'une des quelque trente tribus établies autour de la baie, mais c'est leur chef, Wahunsonacock, qui les gouverne toutes. Quatorze mille Indiens regroupés dans une centaine de villages vivent ici, cultivant le maïs et le manioc, et profitant de rivières aux eaux poissonneuses.
Cachée par l'épaisse végétation qui commence à la lisière de la plage, Pocahontas observe les Visages Pâles s'affairer autour d'immenses wigwams flottants. Prend-elle les voiles qui claquent au vent pour d'étranges nuages ? On ne peut que le supposer, mais elle doit être tout à la fois excitée et effrayée par l'arrivée des Européens. Le véritable nom de la jeune princesse est Matoaka, qui signifie « Petite

1. « Terre en vue ! »
2. C'est le nom que l'on donnait alors à l'océan Atlantique à cette époque.

Plume de Neige », mais il ne doit jamais être prononcé devant des étrangers. Pour les Indiens, le nom a des vertus magiques et reflète l'essence de celui qui le porte, d'où l'importance de le garder secret et de choisir un patronyme usuel. Pocahontas veut dire « Vilaine Fille » ou « La Capricieuse », ce qui lui sied à ravir. Wahunsonacock a eu de nombreuses filles de multiples femmes, mais il entretient une relation privilégiée avec cette enfant de douze ans à peine, courageuse et effrontée, qui prend vite l'habitude d'aller épier les intrus malgré les avertissements de son peuple. Des avertissements motivés par une prophétie inquiétante.

Les Powhatans connaissent l'existence d'hommes blancs armés de bâtons crachant le feu. Près de cinquante ans plus tôt, des Espagnols ont exploré la baie et enlevé le fils d'un chef pour l'emmener en Europe. Rebaptisé Don Luís[3], ce dernier a été converti au christianisme avant de revenir avec des Jésuites dans sa région natale pour enseigner aux païens d'Amérique la seule et vraie foi. Mais il a vite ressenti l'appel de ses origines et s'est allié avec les Indiens pour chasser les Espagnols. Depuis ces événements troublants, les Powhatans accordent beaucoup d'importance à une prophétie en trois actes, révélée à certains par le biais de visions et de rêves considérés comme prémonitoires. Celle-ci annonce que les Powhatans prendraient le pouvoir sur les autres tribus de Chesapeake, puis que tous ces clans uniraient leurs forces pour repousser des étrangers venus de terres lointaines. Mais la prophétie annonce aussi le retour de ces étrangers et l'assujettissement des Indiens. Les deux premières phases se sont déjà réalisées et les Powhatans redoutent l'avènement de la troisième. Pocahontas connaît la funeste prédiction, mais semble ne pas en tenir rigueur aux arrivants autour desquels elle ne cesse de rôder. Parmi ces derniers ne se trouve aucun capitaine à la longue chevelure dorée et aux yeux d'azur – c'est ainsi que le film d'animation *Pocahontas* produit par les studios Disney représente John Smith. Pour la simple raison que l'homme n'est pas

3. Don Luís de Velasco. Son nom indien était Paquiquino.

blond mais plutôt roux et, surtout, parce qu'il est enfermé dans les cales de la *Susan Constant*.

John Smith n'a que vingt-sept ans quand il arrive dans le Nouveau Monde, mais il a déjà vécu bien plus d'aventures que tous les hommes enrôlés par la Virginia Company. Né dans le Lincolnshire[4] en 1580, le jeune Smith rêve d'autres paysages que ceux des Midlands anglais, verdoyants mais plats. À la mort de son père en 1597, il quitte son pays et intègre les rangs français dans la guerre d'indépendance des Provinces-Unies contre l'Espagne. Il embarque ensuite sur un navire marchand voguant en Méditerranée, puis rejoint l'armée autrichienne dans sa lutte contre l'Empire ottoman. Il est capturé par les Turcs en Transylvanie avant d'être vendu comme esclave à Istanbul. Il s'affranchit en tuant son maître et fuit à travers la Russie et la Pologne. Il voyage ensuite en Europe et en Afrique du Nord, puis embarque sur la *Susan Constant*, direction l'Amérique. De nombreux historiens jugent que John Smith n'a vécu que dans son imagination certaines de ses péripéties, mais il n'en demeure pas moins qu'il était considéré comme un homme de valeur, car son nom figure sur la liste rédigée par le roi d'Angleterre pour désigner les personnes qui siégeront au Conseil de la nouvelle colonie. Malheureusement, un différend l'a opposé au capitaine de la *Susan Constant*. Accusé de mutinerie, il a été mis aux fers. John Smith ne voit donc pas les côtes de la Virginie se dessiner dans le lointain et ne peut rencontrer dès son arrivée la jolie princesse indienne qui ne se déplace jamais sans son raton laveur et son colibri. Il est libéré un mois plus tard.

Pas une journée ne passe sans que le ciel ne soit obscurci par des signaux de fumée, faisant redouter une offensive d'envergure de la part des « sauvages ».

Les premières semaines des colons sont éprouvantes. À peine ont-ils choisi un endroit où s'installer qu'un groupe d'indigènes attaque, blessant grièvement deux Anglais. Pas une journée ne passe sans que le ciel ne soit obscurci par des signaux de fumée, faisant redouter une offensive d'envergure de la part des « sauvages ». Les arrivants essaient de normaliser leurs relations avec les Indiens, sans y parvenir. Ces derniers tantôt se montrent généreux, échangeant nourriture et peaux

4. Comté d'Angleterre situé sur le littoral de la mer du Nord.

d'animaux contre divers objets, tantôt les accueillent avec une volée de flèches et des cris guerriers. Cette versatilité, que les colons attribuent à une mentalité qu'ils jugent primitive, est en partie due aux tensions qui secouent le peuple powhatan. Le chef doit régulièrement faire face à des désaccords dans son clan et à des conflits avec d'autres tribus. De plus, Indiens et Européens ne partagent pas les mêmes valeurs : la propriété privée et l'individualisme sont inconnus des premiers, ce qui cause nombre incompréhensions.

Malgré les difficultés, une ville est bientôt fondée. Appelée Jamestown, elle est entourée d'un fort qui protège ses habitants de l'humeur changeante de leurs voisins. L'emplacement de la colonie est idéal pour résister à une invasion par la mer, mais plus discutable sur bien d'autres aspects : comme elle est implantée au milieu des marécages, des maladies ne tardent pas à décimer les Anglais. Deux navires sont repartis pour l'Angleterre pour établir un ravitaillement, exacerbant le sentiment d'abandon des arrivants. Plus soucieux de trouver de l'or que d'améliorer le bien-être de ses administrés, le gouverneur finit par se faire détester de tous. Fin 1607, sur une centaine de colons, seuls quarante d'entre eux ont survécu et les provisions commencent à manquer. John Smith apparaît comme l'homme de la situation. Il renverse le gouverneur et place le capitaine de la *Discovery*, John Ratcliffe, à la tête de Jamestown. Lui-même devient son conseiller principal. C'en est fini de la vaine recherche d'or ! Place à une vision à long terme : la priorité est d'apprendre à cultiver le maïs et de pacifier les rapports de la colonie avec les Indiens dont le soutien est essentiel pour survivre dans ce monde inconnu et hostile. En décembre, Smith se met donc en route avec une poignée de braves pour rencontrer Wahunsonacock.

John Smith et ses hommes se fraient un chemin dans l'épaisse végétation, à la recherche de Werowocomoco, « la Maison du Chef ». La forêt est plongée sous la neige et un profond silence règne. Un vent glacial souffle entre les arbres. S'ils se montraient plus attentifs, peut-être ces aventuriers pourraient-ils entendre chanter les esprits de la montagne... et les pas feutrés d'une horde d'Indiens qui bientôt les encercle. Des cris chevrotants résonnent soudainement, suivis par le sifflement des flèches qui fendent l'air en tous sens. Certaines vont se planter dans les troncs ou se ficher dans l'humus gelé, d'autres embrochent des colons qui tombent face contre terre.

Smith a à peine le temps de lever son mousquet que tous ses compagnons sont morts. Des dizaines d'Indiens sortent de derrière les arbres, arcs bandés, prêts à le tuer. Le capitaine préfère lâcher son arme et lever les bras en l'air en signe de reddition.
Il essaie d'impressionner les indigènes avec sa boussole en ivoire, en leur faisant une démonstration d'astronomie, mais sa tentative fait long feu et John Smith est conduit à travers la brousse, poussé par la pointe acérée d'une lance.
C'est à la princesse Pocahontas qu'il doit d'avoir la vie sauve, quand celle-ci obtient sa grâce au moment où il va être exécuté.

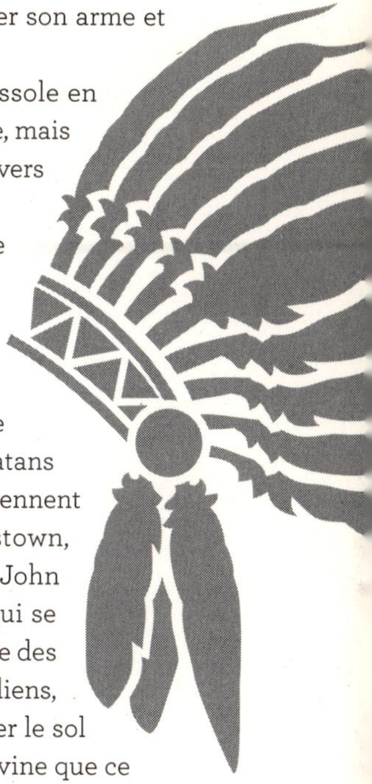

Le commencement d'une histoire d'amour ? Non, mais celui d'une grande amitié. Quand John Smith rentre de son expédition, tout seul mais assuré que les Powhatans seront moins hostiles désormais, les autres colons reprennent espoir. Pocahontas se rend régulièrement à Jamestown, chargée de vivres et de vêtements de peaux. Elle et John Smith jouent les médiateurs dans les négociations qui se tiennent entre le gouverneur et les autochtones. Contre des breloques et l'assurance d'un respect des territoires indiens, les Anglais obtiennent le droit de circuler et de remuer le sol à la recherche d'or. Pas dupe, la princesse indienne devine que ce marché n'a rien d'équitable et qu'il devra être rediscuté chaque fois qu'arrivera un bateau chargé de nouveaux colons. Mais elle a compris ce que Wahunsonacock n'a pas saisi malgré toute sa sagesse : il est inutile de tuer les Visages Pâles installés dans la baie, car ils sont les représentants d'une civilisation plus puissante et plus avide qui ne se laissera pas vaincre. La troisième phase de la prophétie est en marche et Pocahontas fait ce qu'elle peut pour la retarder.
En avril 1608, le navire *Phoenix* arrive avec un message inquiet des représentants de la Virginia Company. Ils attendent toujours qu'au moins un des objectifs soit accompli bientôt : établir une route vers l'Asie, ramener un rescapé de Raonoke[5] ou trouver de l'or. John Smith

5. En 1584, les Anglais avaient fondé une colonie sur l'île de Raonoke mais, entre 1587 et 1590, tous les habitants ont disparu. Les historiens ne peuvent qu'émettre des théories sur le sort des colons. L'une d'entre elles suppose qu'ils ont tous été tués par les Powhatans alors qu'ils cherchaient à rejoindre une tribu indienne alliée. Raonoke est aussi connu sous le nom de Colonie Perdue.

ne se fait pas d'illusion sur le sort des habitants de la Colonie Perdue ; compte tenu de l'hostilité des Indiens qu'il a rencontrée à son arrivée, il se doute qu'il n'y a aucun survivant. Quant à l'or, il n'y croit plus : soit l'Eldorado des Espagnols est un mensonge, soit les Anglais n'ont pas débarqué au bon endroit. Le plus simple reste de trouver une voie menant jusqu'en Inde. Smith entreprend donc plusieurs expéditions à l'intérieur des terres. Mais la forêt, les vallons et les collines ne cessent de s'étendre devant lui et ses hommes. De la nature à perte de vue et aucune mer au bout du chemin. Le Nouveau Monde semble infini.

Quant à l'or, il n'y croit plus : soit l'Eldorado des Espagnols est un mensonge, soit les Anglais n'ont pas débarqué au bon endroit.

Un jour, une Pocahontas affolée vient prévenir Smith que Wahunsonacock envisage d'attaquer Jamestown par surprise. Le chef ne goûte pas les manœuvres des Blancs qui lui promettent de le sacrer empereur tout en empiétant de plus en plus sur les terres de son peuple. Les Indiens sont repoussés par les colons qui répondent par un message de paix. Une fois de plus, la princesse indienne s'est opposée à son père et a sauvé la ville. Ne parvenant pas à prendre un parti définitif, les Powhatans alternent les périodes de collaboration et les interdictions de commercer afin d'affamer les Anglais. Cela fait bientôt deux ans que la colonie est implantée, mais le désordre règne toujours, faute de discipline. En septembre 1608, John Smith est élu gouverneur. Il impose la loi martiale en avril 1609 : quiconque veut manger doit travailler, tout crime est sanctionné durement. Bientôt, six bateaux arrivent, amenant des hommes, des femmes et des vivres. Smith fonde une nouvelle ville, Nansemond. Les perspectives semblent s'éclaircir enfin.

Malheureusement, Smith est salement blessé par l'explosion d'un baril de poudre lors d'un déplacement. Fiévreux, à moitié inconscient, Smith est placé dans une caravelle en partance pour l'Angleterre sans pouvoir laisser d'instruction. Quand Pocahontas vient à Jamestown pour le voir, on lui annonce qu'il est mort. Tout le monde pense que Smith ne survivra pas à la longue traversée de l'Atlantique[6]. Attristée,

6. En vérité, il a survécu mais n'est jamais retourné en Virginie. Il a participé à une autre expédition en Nouvelle-Angleterre avant de finir sa vie à écrire des livres.

la princesse fait demi-tour et ne se montre plus à la colonie, l'abandonnant à son sort.

Telle est la véritable histoire dont s'inspire *Pocahontas. Une légende indienne*, trente-troisième long-métrage d'animation des studios Disney sorti en 1995. Ces derniers, vivement critiqués pour la représentation stéréotypée du monde arabe dans *Aladin* et la vision rétrograde de la femme véhiculée dans leurs précédents films, ont essayé de se racheter aux yeux du public avec *Pocahontas*. En traitant un épisode fondateur de l'histoire américaine et en renouvelant l'image de la princesse Disney, miroir de la représentation féminine dans la culture occidentale.
Les premières princesses Disney – Blanche-Neige, Cendrillon et l'Aurore de *La Belle au Bois dormant*[7] – incarnent le stéréotype de la demoiselle en détresse, déjà présent dans la mythologie grecque et qui s'est développé avec les romans de chevalerie et la littérature gothique, pour devenir récurrent dans la fiction. La demoiselle en détresse est caractérisée par sa naïveté, sa faiblesse et son besoin d'être secourue. Comme Andromède condamnée à être dévorée par le monstre marin de Poséidon et sauvée *in extremis* par Persée, les princesses Disney des années 1930 à 1950 sont les jouets du destin ou de puissances malfaisantes contre lesquelles elles ne peuvent rien, attendant d'être sauvées par l'épée et le baiser d'un prince charmant. Ingénues, douces mais surtout passives, ces princesses sont d'une certaine manière la représentation d'une certaine vision de la femme dans l'entre-deux-guerres et dans l'immédiate après-guerre : douce et soumise, vivant dans l'ombre du père puis du mari, empêchée de prendre son avenir en main. De 1989 à 1992, avec Ariel (*La Petite Sirène*), Belle (*La Belle et la Bête*) et Jasmine (*Aladin*), les studios Disney expérimentent une nouvelle vision de la princesse et signent leurs plus grands succès, après plus de quarante ans. Ces femmes sont plus courageuses, plus rebelles et plus indépendantes. Elles se dressent contre l'autorité paternelle, refusent des prétendants pour suivre leur cœur et influent sur le cours des choses. Cependant, la demoiselle en détresse n'est jamais très loin, et elles se

7. Ces trois dessins animés sortent respectivement en 1937, 1950 et 1959.

retrouvent à un moment ou un autre dans une position critique, avant d'être secourues par un prince.

La Pocahontas de Disney, première princesse créée à partir d'une figure réelle, naît après cette période de transition. Avec elle, fini les robes en dessous des genoux, les rubans, les diadèmes et autres couronnes. *Exit* également la princesse endormie attendant que son chevalier servant vienne l'embrasser pour la réanimer. Pocahontas représente une femme non astreinte aux diktats de la pensée occidentale par ses origines amérindiennes, forte et entreprenante, mais malgré tout belle et sensible. Dans le film, fidèle à l'histoire sur ce point, c'est John Smith le damoiseau en détresse à qui la princesse sauve la vie, et non l'inverse ; c'est Pocahontas encore qui détient entre ses mains l'avenir des deux partis en présence et évite une bataille sanglante. Disney veut en faire un symbole du respect des différences et de la lutte contre la discrimination : c'est elle qui permet à John Smith de prendre conscience que les Indiens ne sont pas une horde de sauvages et elle incarne la femme maîtresse de son destin, refusant de suivre l'homme qu'elle aime afin de rester auprès des siens qui ont besoin d'elle.

Avec la Pocahontas de Disney, fini les robes en dessous des genoux, les rubans, les diadèmes et autres couronnes.

Une conception remaniée de la princesse donc, dans une histoire en grande partie revisitée. Car le sauvetage de John Smith par la princesse indienne et les événements qui ont suivi sont plus qu'un morceau d'histoire pour les Américains : ils sont devenus un mythe. Si la mythologie antique offre une explication sur les origines du monde en remontant à une époque qui a précédé l'humanité, le mythe historique propose de remodeler les faits pour mettre en relief leur importance et les valeurs qu'ils portent. La légende de Pocahontas est à la croisée de ces deux approches du mythe, à la fois récit d'un commencement – les colons repoussant les limites du monde et créant une nouvelle société à partir de rien – et réappropriation d'un épisode historique dont on cherche à faire le vecteur de certaines valeurs – ce qui s'accompagne immanquablement d'une transformation et d'une interprétation de la réalité.

Pocahontas sort des récits de colons pour s'inscrire dans l'histoire de la nation américaine après la mort de George Washington. En 1799, quand John Marshall rédige la biographie du premier président des

États-Unis, il y inclut une chronologie des faits marquants du pays. Le sauvetage de Smith et la vie de l'Indienne en font partie. Très rapidement, l'histoire de Pocahontas devient un thème littéraire important, du théâtre au roman en passant par la poésie. Chaque œuvre propose une certaine vision des événements, allant parfois jusqu'à modifier le cours des choses. Puisque la réalité manque de romantisme, le sauvetage de John Smith finit ainsi par être présenté comme l'expression de l'amour de la jeune Indienne pour le valeureux aventurier, qui illustre l'attirance instinctive d'une âme simple pour les bienfaits de la civilisation. Dans ses *Essais*[8], Montaigne a donné naissance au mythe du « bon sauvage », menacé par le goût corrompu des Européens. La vérité de cette hypothèse a longuement été débattue en France au cours du XVIIIe siècle, mais n'a été que très peu questionnée aux États-Unis au siècle suivant. L'accepter serait revenu à nier la Destinée manifeste[9], mission divine de porter toujours plus loin vers l'Ouest la civilisation, au détriment des Amérindiens. Le sauvetage de Smith a fini par représenter une sorte d'acceptation de la colonisation par les Indiens, acceptation renforcée par le fait que Pocahontas est une princesse.

Le sauvetage de John Smith par la princesse indienne et les événements qui ont suivi sont plus qu'un morceau d'histoire pour les Américains : ils sont devenus un mythe.

Cette actualisation de la figure de la princesse et la vision idyllique des rapports entre colons et Indiens telle qu'elle apparaît à la fin du film – non dénué de véracité, Européens et autochtones ayant parfois réussi à établir des relations de confiance – n'ont pas suffi à empêcher les critiques. Si leur langue a disparu, les Powhatans existent toujours et ont vivement condamné la fiction tissée autour de leur ancêtre, notamment pour ce qui touche à l'histoire d'amour entre Pocahontas et John Smith. De même, ils ont déploré que leurs traditions soient réduites à un esprit habitant un arbre – Grand-Mère Feuillage[10] – et auraient souhaité que les tensions entre Anglais et

8. En particulier dans le chapitre « Des cannibales ».
9. En anglais, *Manifest Destiny*. Cette expression est apparue aux États-Unis au milieu du XIXe siècle pour justifier l'expansion territoriale en y voyant un destin de droit divin attribué à la nation américaine.
10. Grand-Mère Feuillage est l'esprit que Pocahontas consulte quand elle a besoin d'être conseillée, par exemple lorsque son père veut la marier à un de ses guer-

Powhatans soient rendues avec plus de réalisme – dans le dessin animé, seul le gouverneur Ratcliffe incarne les pires travers de la colonisation. Mais la réalité est nettement plus triste que l'image offerte par les studios Disney. Là où le film se termine, avec Pocahontas qui regarde le bateau de Smith s'éloigner après qu'elle a réussi à pacifier les rapports entre les Powhatans et les colons, débute en vérité une tout autre histoire.

Sans le soutien de la princesse indienne, Jamestown et Nansemond sombrent dans la famine. Six mois après le départ de Smith, il ne reste plus que soixante habitants sur les cinq cents que comptait la colonie au début de 1609. Les nouveaux arrivants sont effarés par l'insalubrité des lieux ; bâtir une nouvelle société à partir de rien s'avère beaucoup plus difficile que les Européens ne se l'étaient imaginé. Les relations entre les colons et les Powhatans se dégradent. Le nouveau gouverneur, ayant appris que Pocahontas vit désormais dans une autre tribu, décide de la capturer pour négocier avec Wahunsonacock. L'Anglais négocie auprès de cette tribu que la jeune Indienne lui soit livrée contre une bouilloire de cuivre et la retient prisonnière. Pocahontas revient à Jamestown près d'un an après son enlèvement, non plus comme ange gardien mais comme otage, puis comme trophée.

Le gouverneur veut lui inculquer une éducation chrétienne pour en faire un modèle à suivre pour les Indiens. La mission civilisatrice passe au premier plan, avant la recherche d'or. Pocahontas est conduite auprès d'un pasteur, on lui apprend l'anglais – dont elle a déjà quelques notions – et on l'habille à la mode européenne. La réussite de l'entreprise a d'autant plus d'importance qu'elle est la fille d'un chef indien qui incarne l'hostilité aux lumières de l'Occident. La Virginia Company a également un intérêt à cette conversion, car elle lui permettra de prouver au roi Jacques Ier et à la cour d'Angleterre que la colonisation est en bonne voie. Docile, Pocahontas est baptisée l'année même de sa capture et on lui donne le nom de Rebecca, en référence au chapitre XXV

---

riers que la jeune princesse trouve trop sévère. Grand-Mère Feuillage l'encourage alors à écouter son cœur.

de la Genèse, quand l'Éternel dit à la belle-fille d'Abraham : « Deux nations sont dans ton ventre et deux peuples se sépareront en sortant de tes entrailles ; et un de ces peuples sera plus fort que l'autre, et le plus grand sera assujetti au plus petit. » Sinistre présage.

Lady Rebecca vit paisiblement dans la colonie. Que manque-t-il au tableau pour que l'exemple soit parfait ? Un mariage. Il est célébré le 1er avril 1614, sans Wahunsonacock qui a pourtant accepté la demande qu'on lui a fait parvenir. L'époux est John Rolfe, un marchand ambitieux qui s'est lancé dans la culture de tabac – bientôt la première source de richesse de la Virginie. De leur union naît un fils, Thomas, le premier métis issu d'une lignée de chefs indiens d'Amérique du Nord.

En 1606, un voyage en Angleterre est organisé et Rebecca embarque pour le Vieux Monde, où elle est reçue en grande pompe par Jacques Ier. Le roi est étonné de découvrir une Indienne ressemblant à une Anglaise – elle parle sa langue parfaitement. Mais comme chez Don Luís autrefois, l'Indienne Pocahontas reste bien vivante derrière Lady Rebecca. Malgré le faste de la cour et la vie confortable de la bonne société britannique, l'ancienne princesse est prise du mal du pays... et d'un autre mal, plus physique. Son état de santé se détériore rapidement et, alors qu'elle fait route pour la Virginie, elle doit être débarquée dans la petite ville de Gravesend, dans le Kent. Elle y meurt d'une pneumonie le 21 mars 1617, à l'âge de vingt-deux ans, près de dix années après avoir observé le débarquement de Visages Pâles venus conquérir son pays.

Après la mort de Pocahontas, John Rolfe laisse en Angleterre son fils – malade lui aussi – et fait route vers l'Amérique, où il retrouve sa plantation de tabac en bon état et Jamestown aussi prospère que peut l'être une colonie.

Le calme qui règne depuis le mariage de Pocahontas n'est qu'apparent. Wahunsonacock reste partisan de la paix, mais son frère entend en découdre avec les envahisseurs. Quand le Grand Chef meurt en 1618, Opechancanough lui succède et se montre bien décidé à ne plus laisser les Visages Pâles empiéter sur les terres de ses ancêtres.

Le 22 mars 1622, des Indiens venus de toutes les tribus alentour déferlent sur la colonie, se livrant à une attaque d'une violence inouïe.

Les Anglais se défendent difficilement et la majorité de la population est tuée.
L'entente pour laquelle ont œuvré John Smith et Pocahontas est brisée.
Après ce raid destructeur, l'Indien est vu comme le sauvage sanguinaire, l'homme dégradé par Dieu, le diable. De part et d'autre, toutes les bonnes intentions sont oubliées et le fossé entre deux civilisations foncièrement différentes ne cessera de se creuser.
En 1644, les Indiens lancent un nouvel assaut, mais cette fois Jamestown réussit à se défendre. Une expédition punitive est organisée par les colons, à laquelle participe Thomas Rolfe, le fils de Pocahontas, venu prendre en main la plantation de tabac. Opechancanough est capturé, emprisonné et tué.
Thomas Rolfe devient lieutenant de la milice coloniale et contribue, au cours de maintes opérations militaires, à déposséder et exterminer le peuple de sa mère. Il réalise la prophétie powhatan.

ISSU D'UNE LIGNÉE DE CHEF INDIENS, LE FILS DE POCAHONTAS A RÉALISÉ LA PROPHÉTIE POWHATAN: LE RETOUR DES ÉTRANGERS ET L'ASSERVISSEMENT DES INDIENS

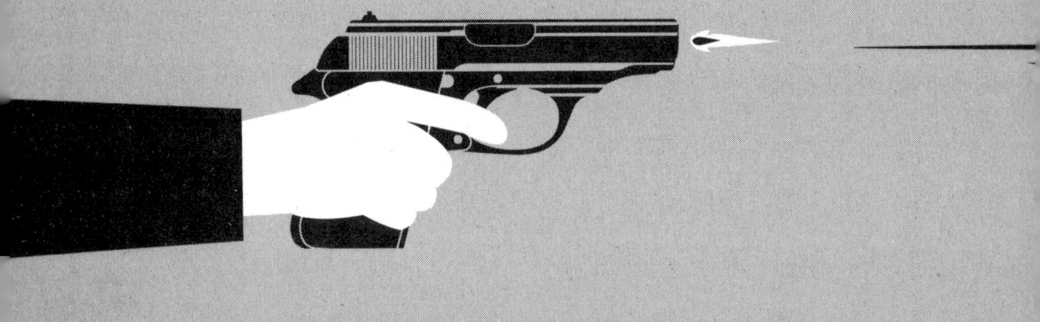

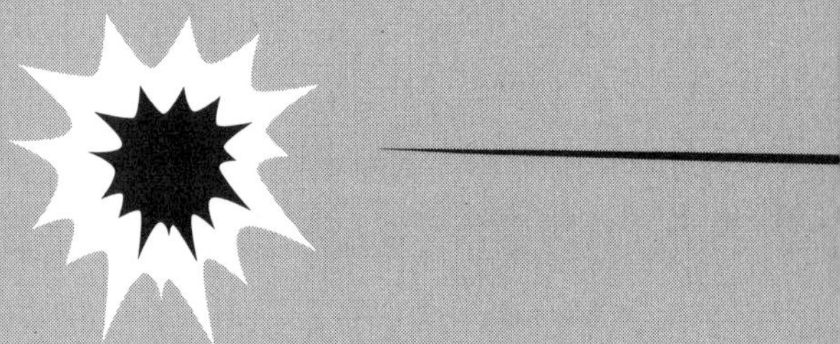

FIN

MARABOUT
s'engage pour l'environnement
en réduisant l'empreinte carbone
de ses livres.
Celle de cet exemplaire est de :
450 g éq. CO_2
Rendez-vous sur
www.marabout-durable.fr

PAPIER À BASE DE
FIBRES CERTIFIÉES

Achevé d'imprimer en Italie, par Grafica Veneta
pour le compte des Éditions Marabout (Hachette Livre)
58, rue Jean-Bleuzen, 92178 Vanves Cedex
Dépôt légal : octobre 2020
ISBN : 978-2-501-15727-8
NUART : 77 9290 5